Devrim Lehmann-Kaya

Integration: Master oder Mercedes?

BIBLIOTHECA ACADEMICA

Reihe

Soziologie

Band 12

ERGON VERLAG

Devrim Lehmann-Kaya

Integration: Master oder Mercedes?

ERGON VERLAG

Bibliografische Information der Deutschen Nationalbibliothek
Die Deutsche Nationalbibliothek verzeichnet diese Publikation in der Deutschen Nationalbibliografie; detaillierte bibliografische Daten sind im Internet über http://dnb.d-nb.de abrufbar.

Gedruckt auf alterungsbeständigem Papier.
Satz: Sandra Kloiber, Ergon-Verlag GmbH
Umschlaggestaltung: Jan von Hugo

www.ergon-verlag.de

ISBN 978-3-95650-114-2
ISSN 1866-5055

Danksagung

Ich danke Herrn Prof. Dr. Michael Winkler von Herzen dafür, die Betreuung dieser Masterarbeit übernommen zu haben, sowie für die Inspiration und zuverlässige Unterstützung im Studium. Bei ihm fand ich immer ein offenes Ohr, hilfreiche Ratschläge und warmherzige Menschlichkeit. Das hat mir geholfen, dieses Studium bis zum Ende durchzuhalten.

Frau Dr. Stefanie Völker danke ich für die Übernahme des Zweitgutachtens, für Aufmunterung und Unterstützung im Kampf mit Bürokratie und Friedolin.

Meinem Mann, Dr. Konrad Lehmann, danke ich herzlich dafür, mich im Studium und bei der Verfertigung dieser Masterarbeit mit Rat und Tat unterstützt zu haben. Ohne seine Ermutigung und die anregenden Diskussionen hätte ich meinen persönlichen Bildungsaufstieg nicht schaffen können.

Meinen Kindern Clara, Katharina und Lorenz danke ich für ihre Geduld mit einer manchmal sehr gestressten Mutter.

Frau Christa Herrmann und Frau Gerlinde Fuchs danke ich von Herzen für all den Zuspruch und die Unterstützung während der Zeit meines Studiums.

Den Menschen, die ich für den Interviewteil dieser Arbeit befragt habe, danke ich dafür, dass sie Zeit für mich hatten und mir, obwohl wir uns z.T. kaum kennen, offen Einblick in ihre Gedanken und Wahrnehmungen gewährt haben.

Inhalt

1. Einleitung und Fragestellung

Sind Migranten in Deutschland integrationsunwillig? Sind sie, aufgrund ihrer Kultur, bildungsfern? Bilden sie mutwillig Parallelgesellschaften? Tragen sie die Hauptschuld an der mangelnden Integration in die Mehrheitsgesellschaft? Sind, kurz gesagt, Ausländer in Deutschland ein Problem, einfach weil sie Ausländer sind?

Viel zu selten taucht in dieser Diskussion die Perspektive derer auf, um die es geht. Gewiss, es gibt die in allen Talkshows präsenten Expertinnen wie Seyran Ateş (2007), Necla Kelek oder Naika Fouroutan (und Kolleginnen 2010). Aber mindestens zwei von ihnen (Ateş und Kelek) heben das vermeintliche Problem eher heraus, und durch die Uneinigkeit wird auch der Standpunkt der Dritten in der öffentlichen Wahrnehmung nicht eben gefestigt. Und zudem haben auch die Genannten, wie vielleicht unweigerlich alle Experten, als Wissenschaftlerinnen und Rechtsanwältin (Ateş) eine Außenperspektive. Sie beschreiben Zahlen und Fälle, aber kaum ihr eigenes Erleben. So kommt es, dass eine sehr einfache, fast kindliche Wahrheit weitgehend übersehen wird: Es ist nicht schön, nicht dazuzugehören. Wissenschaftlicher ausgedrückt: „Ausländer" zu sein, ist ein Stigma, das Menschen belastet.

Wie gehen Migranten in Deutschland mit diesem Stigma um? Wollen sie „dazugehören", sich integrieren? Und wenn ja, was tun sie dafür, und wie bewerten sie den Erfolg ihrer eigenen Bemühungen? Das sind die Grundfragen, welche die vorliegende Arbeit motivieren. Etwas konkreter richte ich dabei mein Augenmerk auf dasjenige kulturelle System, dem gemeinhin die größte Rolle dabei zugeschrieben wird, Menschen in eine Gesellschaft einzuführen: das Bildungssystem. Ein Großteil der öffentlichen Aufmerksamkeit in der Integrationsdebatte richtet sich folgerichtig auf dieses System und die Frage, wie Menschen mit Migrationshintergrund darin abschneiden. Darum möchte ich die Frage untersuchen, ob Migranten in Deutschland im Bildungserfolg erkennbar ein Mittel sehen, um sich in die Gesellschaft zu integrieren. Dazu werde ich zwei Herangehensweisen verfolgen: Erstens die statistische, indem ich aus den verfügbaren Zahlen ein stimmiges Bild der Bildungssituation von Migranten zu gewinnen versuchen werde. Und zweitens die Eigenperspektive der Betroffenen, indem ich Interviews mit Migranten auswerte, die ich zu ihrer Bildungsaspiration und ihrer Integrationserfahrung befragt habe.

Dabei ist ein weiterer Aspekt, eine alternative Strategie nach meinem Eindruck unumgänglich: Ich habe oben bewusst zurückhaltend geschrieben, dass dem Bildungssystem „gemeinhin die größte Rolle" für die Integration „zugeschrieben" werde. Ist das nicht selbstverständlich? Nun, ich bin nicht sicher, und viele Migranten, wie mir scheint, sind es auch nicht. Das übermächtige kulturelle System unserer Zeit ist die Wirtschaft, und viele Menschen ausländischer Herkunft setzen eher – mehr oder weniger erfolgreich – auf Vorankommen in diesem Bereich, um in

Deutschland akzeptiert zu werden. Weil dies indirekt auch etwas über die Gestaltungsmacht des Bildungssystems aussagt, erscheint es mir wichtig, wirtschaftlichen Erfolg als Alternativstrategie zur Integration ebenfalls zu betrachten.

1.1 Die Situation von Migranten in Deutschland

1.1.1 Die Zahlen

Ein wachsender Anteil von Menschen in Deutschland hat nicht-deutsche Vorfahren. Nach den jüngsten Zahlen des Statistischen Bundesamtes von 2012 haben 16,3 Millionen Menschen in Deutschland einen Migrationshintergrund, das sind 20% der Bevölkerung. Als „Menschen mit Migrationshintergrund" zählen dabei *„alle nach 1949 auf das heutige Gebiet der Bundesrepublik Deutschland Zugewanderten, sowie alle in Deutschland geborenen Ausländer und alle in Deutschland als Deutsche Geborenen mit zumindest einem zugewanderten oder als Ausländer in Deutschland geborenen Elternteil"* (Statistisches Bundesamt 2013, S. 6, Hervorhebung im Original). Diese Definition übernehmen auch die meisten Fachveröffentlichungen. Nicht darin enthalten, weil schwer zu erheben, sind die Migranten dritter Generation, die aber üblicherweise trotzdem in Studien mit betrachtet werden.

Die Migranten sind dabei durchaus nicht gleichmäßig über Deutschland verteilt. Während ihr Anteil in allen alten Bundesländern bei mindestens 10% liegt, und oft noch deutlich höher in Ballungsräumen wie dem Ruhrgebiet, Köln oder dem Rhein-Main-Gebiet, verzeichnen die ostdeutschen Bundesländer allesamt nur 1-2% Menschen mit Migrationshintergrund. Der Grund dafür liegt darin, dass es die umfassende Anwerbung von Gastarbeitern in den fünfziger und sechziger Jahren in der DDR in dieser Form nicht gab, und dass diejenigen Ausländer aus „sozialistischen Bruderstaaten", die trotzdem als Arbeitskräfte in die DDR geholt wurden, überwiegend in ihre Herkunftsländer zurück gingen.

Ein besonderes Augenmerk in Bezug auf die Fragen nach Integration und Bildung richtet sich auf die Kinder und Jugendlichen mit Migrationshintergrund. Ihr Anteil an der altersgleichen Bevölkerung steigt, je jünger sie sind. Dies spiegelt sich in der Alterspyramide, die für Deutsche bekanntlich dabei ist, sich umzukehren, während sie für die Untergruppe der Deutschen mit Migrationshintergrund eher eine Säule darstellt, die sich oben zuspitzt (Abb. 1). In der Altersgruppe von 10 bis 14 Jahren haben 29,2% der Kinder einen Migrationshintergrund, unter den Grundschülern 31,7%, unter den 3- bis 6-jährigen 33,4%, und 35% der noch jüngeren Kinder (Cinar et al. 2013, S. 15). Über die Altersgruppen hinweg hat die größte Gruppe ihre Wurzeln in der Türkei (Cinar et al. 2013, S. 20), stellt damit aber nur 20,6% der bis zu 18jährigen (Statistisches Bundesamt 2013). Dass Menschen mit Migrationshintergrund zur Basis hin einen immer größeren Anteil an der Alterspyramide einnehmen, liegt daran, dass sie häufiger als Deutsche ohne Migrationshintergrund mehrere Geschwister haben:

Im Jahr 2010 hatten 55% der deutschen Familien, aber nur 47% von jenen mit Migrationshintergrund, Einzelkinder, wohingegen es nur in 9% der urdeutschen, aber 15% der Migrantenfamilien drei oder mehr Kinder gab (ebd.).

Wie die Verteilung der Migranten insgesamt, so ist selbstverständlich auch die Verteilung der Kinder mit Migrationshintergrund in Deutschland sehr ungleichmäßig. Während ihr Anteil (Kinder unter 10 Jahre) in jedem westdeutschen Regierungsbezirk mindestens 20% beträgt, mit Höchstwerten von über 40% in den Stadtstaaten (inkl. Berlin), Nordrhein-Westfalen und der Rhein-Main-Gegend, erreicht kein ostdeutsches Flächenland die 20%.

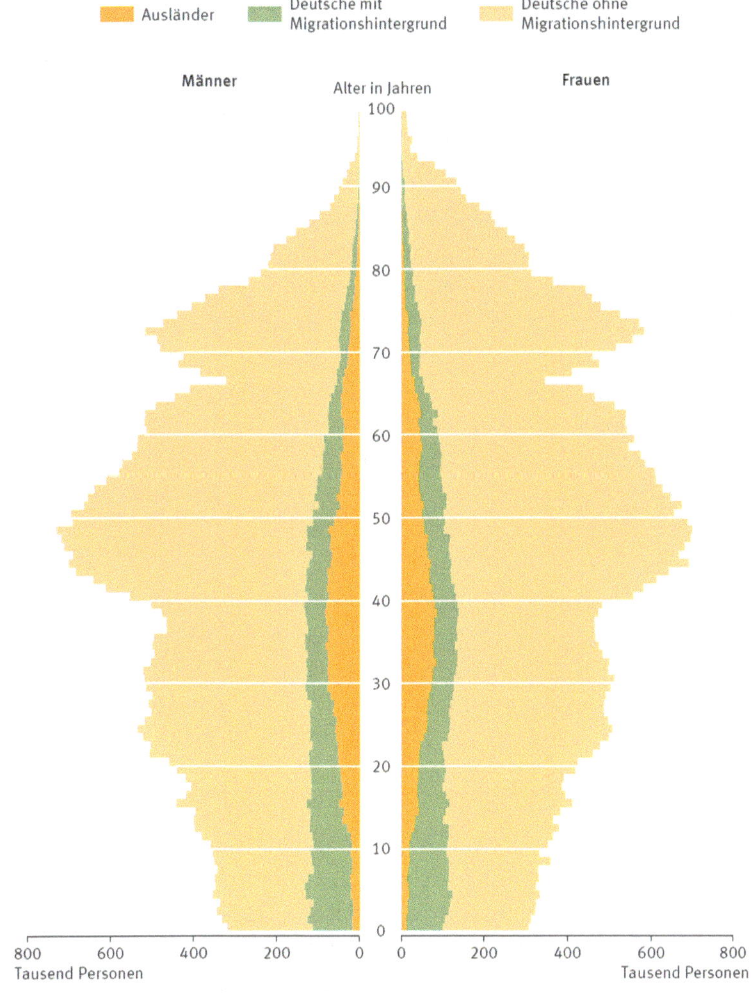

Abb. 1: Alterspyramide 2012 nach Migrationshintergrund. Quelle: Statistisches Bundesamt (2013), S.14

1.1.2 Die Einstellungen

Umso bemerkenswerter ist der oft kommentierte Umstand, dass sich die soziale Lage von Ausländern zu ihrem Anteil an der Gesamtbevölkerung gerade gegenläufig verhält: Die Ausländerfeindlichkeit unter der deutschen Bevölkerung ist in Ostdeutschland ausgeprägter als im Westen. Eine Befragung unter 251 Schülern der Klassen 8 und 9, die im Jahre 2009 in der sachsen-anhaltinischen Stadt Burg (Ausländeranteil 1,6%) durchgeführt wurde, gibt dafür einen exemplarischen Einstieg. 42% der befragten Schüler gaben an, es gebe in ihrer Stadt einen „hohen Anteil von Ausländern", und 60% fanden allgemein, dass in Deutschland zu viele Ausländer lebten. In der Gesamtbevölkerung (Ost und West) ist der Anteil derjenigen, die diese Ansicht teilen, mit 55% etwas geringer. Ähnlich wie in der Gesamtbevölkerung lehnen rund 30% der Schüler Ausländer ab; auch hier ist der Anteil in Ostdeutschland und besonders unter ostdeutschen Senioren (45%) etwas höher (Herter & Canedo 2009).

Systematische soziologische Erhebungen mit größeren, repräsentativen Stichproben bestätigen dieses Beispiel. Ostdeutsche finden die Diskriminierung von Ausländern signifikant eher „in Ordnung" als Westdeutsche und neigen auch eher dazu, diese Einstellung bei den meisten Deutschen zu vermuten (Kühnel & Leibold 2000). Der Aussage „Die in Deutschland lebenden Ausländer sind eine Belastung für das soziale Netz" stimmen 54% der Ostdeutschen und 39% der Westdeutschen zu; umkehrt lehnen 41% der Befragten im Westen, aber nur 26% im Osten diese Aussage ab (Alba & Johnson 2000). Mit der Aussage „Ausländer nehmen den Deutschen Arbeitsplätze weg" ist es ähnlich: Sie wird im Osten von 56% bejaht und 29% abgelehnt, im Westen dagegen sind die Zahlen nahezu umgekehrt: 30% Zustimmung zu 47% Ablehnung.

Diese Verteilung von Vorbehalten schlägt sich darin nieder, wie sich die Befragten den idealen Umgang mit Ausländern vorstellen: Für das Zusammenleben von Deutschen und Ausländern vertreten Westdeutsche am häufigsten das Modell „Integration" („Es ist gut, wenn Deutsche und Ausländern zusammenleben.") und am Seltensten das Modell „Segregation" (Böltken 2000). Ostdeutsche sind überwiegend indifferent und vertreten die beiden Modelle ungefähr gleich häufig (und beide erheblich seltener als Westdeutsche das Modell „Integration"). Sowohl in Ost wie in West ist die Integrationsbereitschaft in Wohngegenden mit Ausländern höher als in solchen ohne Ausländer. Der Umstand, dass nur 17% der Ostdeutschen, im Gegensatz zu 54% der Westdeutschen, Ausländer in ihrem Wohnumfeld wahrnehmen, kann also erklären, warum Ostdeutsche eine schwächere Integrationsbereitschaft zeigen. Da die Zustimmung zur Integration von Ausländern unter Ostdeutschen geringer ist als unter Westdeutschen, und unter der Landbevölkerung geringer als unter der Stadtbevölkerung, ist sie in Ostdeutschland auf dem Land etwa halb so groß wie in westdeutschen Städten (Hoffmeyer-Zlotnik 2000).

Der bemerkenswerte Befund ist also, dass die Ausländerfeindlichkeit bei denjenigen am höchsten ist, die kaum je Ausländer sehen. Dies ist wahrscheinlich darauf zurückzuführen, dass die Feindseligkeit gerade dem gilt, das man nicht kennt, und ist ein gleichsam nebenbei abfallender Hinweis darauf, dass Integrationsprobleme nicht, oder jedenfalls nicht in erster Linie, den Migranten angelastet werden können, sondern sich eher aus der sozialen Dynamik der Mehrheitsbevölkerung ergeben.

1.1.3 Die wirtschaftliche Lage von Migranten in Deutschland

Die soziale Stigmatisierung von Personen mit Migrationshintergrund geht einher mit ihrer, im Durchschnitt, schlechteren wirtschaftlichen Situation. Wie Abb. 2 zeigt (Galster & Haustein 2012), haben Familien mit Migrationshintergrund häufig, nämlich zu 62%, ein Nettoeinkommen von bis zu 2600€ im Monat, während solche deutscher Herkunft nur zu 44% mit dieser Summe auskommen müssen. Umgekehrt haben Familien ohne Migrationshintergrund mit 16% genau doppelt so häufig mehr als 4500€ im Monat zur Verfügung wie solche mit Migrationshintergrund.

Dazu passen die verfügbaren Daten des Mikrozensus 2012 des Statistischen Bundesamts (2013), denen zufolge Migranten überdurchschnittlich häufig im produzierenden Gewerbe sowie in Handel, Verkehr und Gastgewerbe beschäftigt sind (Abb. 3), also in Wirtschaftsbereichen mit tendenziell geringeren Qualifikations- und Lohnniveaus, und zu einem geringeren Anteil im Dienstleistungsbereich. Auffallenderweise überzeichnen in allen Bereichen die Erwerbstätigen türkischer Herkunft noch den Trend der Migranten insgesamt. Dasselbe gilt für die Daten zur Stellung im Beruf, welche die Erwerbstätigen bekleiden (Abb. 4). Während Deutsche ohne Migrationshintergrund zu fast 60% als Angestellte arbeiten, zu nur 19% als Arbeiter, und zu 6% als Beamte, zählt fast die Hälfte (46%) der Erwerbstätigen türkischer Herkunft unter die Arbeiter, 39% sind Angestellte, und es gibt unter ihnen nicht genügend Beamte für eine sichere statistische Aussage. Im Durchschnitt liegen die Migranten wiederum dazwischen. Interessant ist, dass die Quote von Selbständigen in allen drei Gruppen relativ ähnlich ist. Zwar sind mit 8% auch etwas weniger Türken selbständig als Deutsche (11%) oder Migranten im Durchschnitt (10%), aber der Unterschied ist mit 73% vom Wert der Deutschen etwas weniger groß als etwa bei den Angestellten (66%) oder den Beamten. Selbständigkeit ist also ein Berufsweg, der Menschen mit Migrationshintergrund relativ offen steht. In diese Gruppe zählen auch diejenigen mir bekannten Migranten, die es durch Geschäftssinn zu großem Wohlstand gebracht haben. Sie sind aber die Ausnahme unter den Migranten, die, wie die statistischen Daten zeigen, aufgrund einer geringer qualifizierten Berufsausbildung überwiegend in schlechter bezahlten Berufen zu finden sind. Überdies sind nur 4,7% der Erwerbspersonen ohne Migrationshintergrund, aber 9% derer mit Migrationshintergrund und 12,4% derer mit türkischer Herkunft erwerbslos.

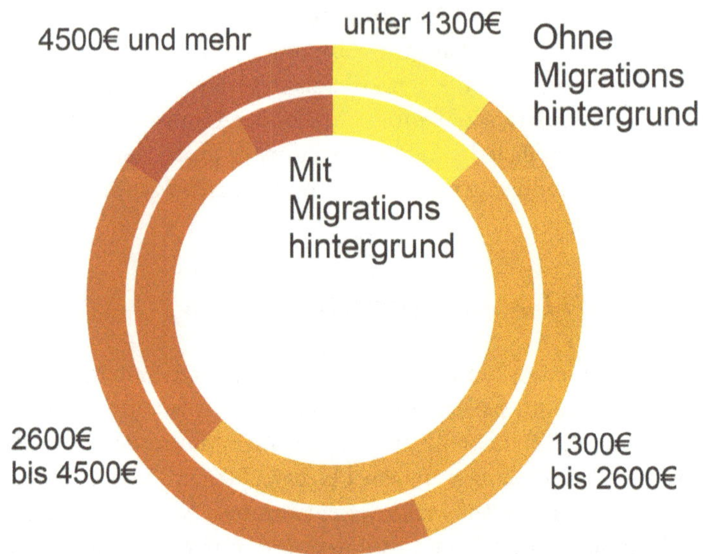

Abb. 2: Familien mit Kindern unter 18 Jahren nach Migrationsstatus und Angaben zum monatlichen Familiennettoeinkommen, in %. Quelle: Galster & Haustein 2012

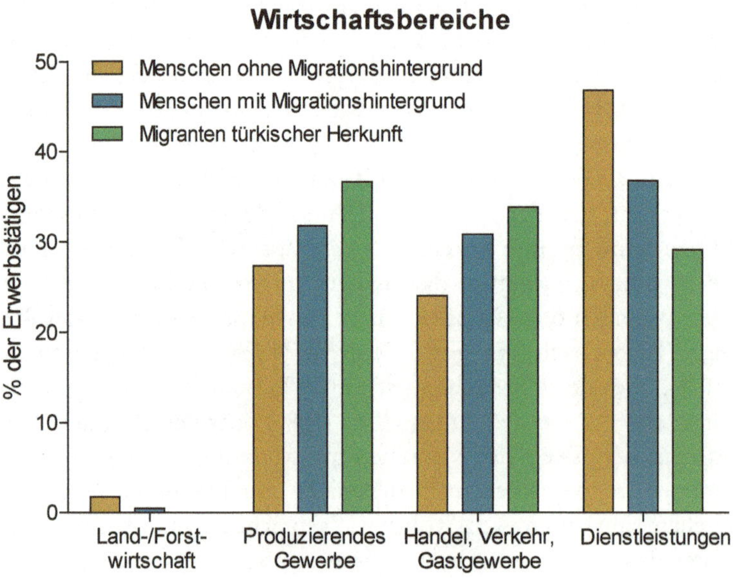

Abb. 3: Beschäftigungsbereiche aller Erwerbstätigen ohne bzw. mit Migrationshintergrund sowie mit türkischer Herkunft. Eigene Graphik auf Basis von Daten des Statistischen Bundesamts.

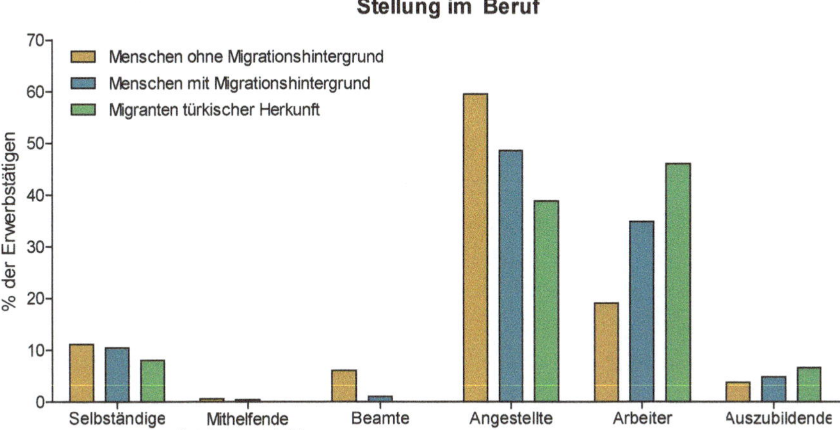

Abb. 4: Stellung im Beruf aller Erwerbstätigen ohne bzw. mit Migrationshinter-grund sowie mit türkischer Herkunft. Eigene Graphik auf Basis von Daten des Statistischen Bundesamts.

1.2 Bildung als Integrationshilfe

Es herrscht Einigkeit darüber, dass Bildung für Ausländer der wichtigste Weg sei, um sich in einem Einwanderungsland zu integrieren. Mit „Bildung" werden dabei umfassend und vage sowohl die schulische Bildung als auch die Berufsausbildung und das Studium gemeint. Der Nationale Aktionsplan Integration des Bundesministeriums für Bildung und Forschung vom Mai 2013 nennt die „Verbesserung der Bildungsbeteiligung und Bildungserfolge von Kindern, Jugendlichen und Erwachsenen mit Migrationshintergrund" gleich im ersten Satz der Einleitung „eine zentrale bildungspolitische Herausforderung. Denn Bildung ist der Türöffner für individuelle Teilhabe und Entwicklungsmöglichkeiten in unserer Gesellschaft" (S. 3). Tatsächlich stellt der Integrationsplan ausschließlich Bildungsinitiativen als Maßnahmen der Bundesregierung zur Integration von Migranten vor.

Die Empfehlungen der Wirtschaft an die Politik stoßen in dasselbe Horn. Eine Studie des Instituts der deutschen Wirtschaft im Auftrag des Bundesministeriums für Wirtschaft und Technologie (Anger et al. 2010) schlägt eine Reihe von Maßnahmen vor, welche die Ausbildungsreife von jungen Migranten stärken sollen, indem sie u.a. bereits bei der frühkindlichen Bildung im Kindergarten angreifen.

Dass Politik und Wirtschaft sich, wenn es um Integration von Ausländern geht, vollständig auf die Berufsausbildung fixieren, zeigt zunächst einmal, dass es ihnen vorrangig um die Integration in den Arbeitsmarkt geht. Doch auch über diese beengte Sichtweise hinaus erlaubt auch eine musische oder geisteswissenschaftliche, nicht auf unmittelbare Verwertung ausgelegte Bildung mehr soziale und kulturelle Teilhabe. Es erscheint daher vernünftig, Bildung als notwendige

Bedingung für gesellschaftliche Integration zu sehen. Fraglich ist, ob sie auch eine hinreichende Bedingung ist.

1.3 Fragestellung

Im Folgenden (Abschnitt 2) will ich zunächst anhand der verfügbaren empirischen Untersuchungen die Frage untersuchen, wie es tatsächlich um die Bildung von Migranten in Deutschland bestellt ist. Wie sind ihre Beteiligung und ihre Erfolge im Bildungssystem? Stimmt das Klischee vom bildungs- und integrationsunwilligen Ausländer?

Anschließend (Abschnitt 3) will ich, quasi als Brücke zwischen den beiden empiriebezogenen Teilen der Arbeit, kurz die Frage untersuchen, was die in Abschnitt 2 dargelegte Situation für die Migranten bedeutet. Dazu werde ich auf den Begriff des Stigmas aus der Soziologie zurückgreifen. Was bedeutet es für die Betroffenen, ein Stigma zu tragen, und welche Möglichkeiten zu Entstigmatisierung bieten sich ihnen im Prinzip?

Das wird es mir im Abschnitt 4 erlauben, die Perspektive zu wechseln und zu fragen, wie Migranten selbst ihre Chancen zur Entstigmatisierung sehen? Und welche Strategien dazu halten sie für erfolgversprechend? Der Titel meiner Arbeit deutet an, dass ich mich dabei auf zwei prominente, anscheinend gegensätzliche Strategien konzentriere: Einerseits die Bildungskarriere, andererseits der geschäftliche, finanzielle Erfolg. Es erscheint mir wichtig, in dieser oft sehr einseitig von deutscher Seite geführten Diskussion auch einmal die Betroffenen selbst zur Wort kommen zu lassen. Ich habe daher eine Reihe von Interviews mit türkischen Kurden geführt und sie nach ihren Erfahrungen und Wünschen befragt.

Vor dem Hintergrund dieser Daten will ich abschließend (Abschnitt 5) diskutieren, inwieweit Bildung tatsächlich das Potential hat, Migranten zur Integration in Deutschland zu verhelfen.

2. Die Bildungssituation von Migranten in Deutschland

2.1 Bildungsbeteiligung von Migranten

2.1.1 Die aktuelle Lage

2.1.1.1 Schulische Leistungen

Migranten verfügen im Durchschnitt über eine geringere formale Bildung als die einheimische Bevölkerung – übrigens nicht nur in Deutschland, sondern in allen industrialisierten Ländern. An diesem Befund entzünden sich die vieldiskutierten Sorgen über die Integrationsfähigkeit und -willigkeit von Migranten (Sarrazin 2010). Erst seit den 90er Jahren wird die Bildungssituation von Migranten in Deutschland vermehrt untersucht. Dabei hat sich wiederholt gezeigt, dass Menschen mit Migrationshintergrund auf allen Stufen des Bildungssystems gegenüber Deutschen im Nachteil sind: Sie besuchen häufiger die Hauptschule und Sonderschulen für Lernbehinderte, seltener Realschule und Gymnasium; sie brechen mehr als doppelt so häufig die Schule ab; sie beginnen seltener eine Berufsausbildung und brechen diese häufiger ab, und sind in der Folge in niedrigqualifizierten und schlechtbezahlten Berufen tätig (Kristen 1999).

Seit der Jahrtausendwende sind die IGLU-Studien (Internationale Grundschul-Leseuntersuchungen, bzw. international: *Progress in International Reading Literacy Study*, PIRLS), TIMSS-Studien (*Trends in International Mathematic and Science Study*) und PISA-Studien (*Programme for International Student Assessment*) die wichtigsten Quellen für den Leistungsvergleich von Schülern, trotz der immer wieder geäußerten methodischen Kritik an den Untersuchungen. Die IGLU- und TIMSS-Studien betrachten die Fähigkeiten von Grundschülern in den vierten Klassen, die PISA-Studien jene von 15jährigen Schülern der Sekundarstufe I. Während sich die IGLU-Studien mit der Lesekompetenz und die TIMSS-Studien mit den mathematischen und naturwissenschaftlichen Fähigkeiten befassen, nehmen die PISA-Studien alle drei Bereiche ins Blickfeld, mit einer Fokussierung, die alle drei Jahre wechselt.

Trotz dieser Unterschiede zwischen den Studien ist ihnen gemeinsam, dass sie bei Schülern mit Migrationshintergrund in allen drei untersuchten Kenntnisfeldern – Lesekompetenz, Mathematik, Naturwissenschaften – regelmäßig schwächere Leistungen als bei Schülern ohne Migrationshintergrund feststellen. In der IGLU-Studie 2006 (Bos et al. 2007) hatten deutsche Viertklässler eine durchschnittliche Lesekompetenz von 548 Punkten, aber jene mit Migrationshintergrund lagen um 48 Punkte darunter. Bei der nächsten IGLU-Studie 2011 (Schwippert et al. 2012, Tarelli et al. 2012a) verringerte sich die Differenz auf 42 Punkte. In der TIMSS-Studie desselben Jahres (Tarelli et al. 2012b) lagen Viertklässler mit Migrationshintergrund in ihren mathematischen Kompetenzen um 60 Punkte und in ihren naturwissenschaftlichen Kenntnissen um 58 Punkte gegenüber ihren urdeutschen Klassenkameraden zurück.

Das schlechtere Abschneiden von Migranten setzt sich in die weiterführenden Schulen hinein fort. In der Lesekompetenz (PISA-Studie 2009) lagen 15jährige mit Migrationshintergrund um 44 Punkte unter den 514 Punkten, die von Schülern ohne Migrationshintergrund erreicht wurden (Stanat et al. 2010). In Mathematik betrug der Abstand bei der PISA-Studie 2012 54 Punkte. Auch wenn man die Prozentzahlen von sogenannten Risikoschülern im Bereich Naturwissenschaften von Jugendlichen mit und ohne Migrationshintergrund ins Verhältnis setzt (Anger et al. 2010), ist dieses „Risikoverhältnis" unter allen verglichenen Ländern in Deutschland am höchsten (3,9, also 40,1% zu 10,3%), dicht gefolgt von Österreich und der Schweiz. In klassischen Einwandererstaaten wie den USA, Kanada und Australien liegt der Faktor bei 1,5, was nur im Falle der USA vorwiegend auf das schlechte Abschneiden der Schüler ohne Migrationshintergrund zurückzuführen ist (Stanat et al. 2010).

Die Gruppe der Schüler mit Migrationshintergrund ist dabei in sich sehr inhomogen. Während Spätaussiedler aus der ehemaligen Sowjetunion in der PISA-Studie 2009 zu Lesekompetenz nur 40 Punkte unter den Schülern ohne Migrationshintergrund (519 Punkte) lagen, waren es bei den Schülern türkischer Herkunft mit 109 Punkten mehr als bei jeder anderen Gruppe. Diese Unterschiede sowohl zwischen Schülern ohne und mit Migrationshintergrund, als auch innerhalb letzterer schlagen sich auf die Schulkarrieren nieder. Bei einem Anteil von 6,7% an allen Schülern ist die Quote von Jugendlichen türkischer Herkunft an Hauptschulen mit 14,2% besonders hoch und an Gymnasien mit 3,1% besonders niedrig (Nold 2010). Ähnlich sind die Relationen für Jugendliche aus den anderen ehemaligen Anwerbestaaten, wohingegen Migranten aus den Staaten der Europäischen Union ähnlich auf die Schulformen verteilt sind wie Deutsche.

Der Bildungsbericht 2012 der Bundesregierung bestätigt, dass sich bezüglich der Bildungsbeteiligung in Deutschland nicht nur Einheimische von Migranten, sondern auch letztere untereinander unterscheiden. Im Jahre 2010 besuchten gut 85% der 16-19jährigen eine Bildungseinrichtung, unabhängig von ihrem allgemeinen Migrationshintergrund, doch war die Quote bei näherer Betrachtung bei den Migranten aus der EU etwas höher, dafür bei den jungen Männern türkischer Herkunft (interessanterweise nicht bei den Frauen) etwas niedriger (82%). In den nächsten Altersgruppen (20 bis 24 Jahre, 25 bis 30 Jahre) verstärken sich diese Unterschiede noch und betreffen dann unter den Menschen türkischer Herkunft besonders die Frauen. Beide Geschlechter zusammengenommen, besuchten gut 44% der 20-24jährigen und 17% der bis 30jährigen Deutschen eine Bildungseinrichtung, aber nur 38% bzw. 13% der Türkischstämmigen, während die Quoten bei den EU-Ausländern mit 52% und 21% wiederum höher waren als bei den Einheimischen. Bei den türkischen Frauen betrugen sie nur 36% und 10%.

Söhn (2012) schließlich verglich, welche Schulabschlüsse Ausländer bis 2005 erreichten, die zwischen 1987 und 2003 als Minderjährige nach Deutschland eingewandert waren. Während Aussiedler zu rund 60% die Mittlere Reife oder das Abitur absolvierten, und nur zu 2,2% ohne Abschluss blieben, waren die Quoten bei allen Ausländern i.e.S. erheblich ungünstiger, und die aus der Türkei zugewanderten standen am schlechtesten da, mit 22,6% ohne Abschluss und nur 23% mit Mittlerer Reife oder Abitur.

Dass die aus der Türkei stammenden Migranten eine besonders große Gruppe darstellen, dass sie in den Zahlen des Bildungsberichts weitgehend repräsentativ für die ehemaligen Anwerbestaaten sind, und dass sie im Bildungsbericht besonders schlecht dastehen, sind alles gute Gründe dafür, sich bei den Untersuchungen in der vorliegenden Arbeit besonders auf diese Gruppe zu konzentrieren und insbesondere die EU-Ausländer zu vernachlässigen.

2.1.1.2 Hochschulbildung und Berufskarrieren von Migranten

Naheliegenderweise führt der geringere Schulerfolg von Migranten auch zu Schwierigkeiten beim Übergang in eine Ausbildung, ein Studium oder auf den Arbeitsmarkt. So ist der Prozentsatz der Jugendlichen zwischen 16 und 24, die sich in einer Ausbildung befinden, unter Ausländern nur etwa halb so hoch wie unter Deutschen (Gericke & Uhly 2010). Während die Quote bei Deutschen stagniert oder leicht zurückgeht, ist sie unter ausländischen Jugendlichen im Jahr der Erhebung leicht gestiegen. Auch im Jahr darauf war die Chance von ausbildungsinteressierten Jugendlichen auf einen Ausbildungsplatz nur etwa halb so groß wie die von Deutschen, wenn sie orientalischer (türkisch/kurdisch/arabisch) Herkunft waren (Ulrich 2012). Bei gleichen schulischen Voraussetzungen (d.h., gleichen Abgangsnoten) ist die Chance von Jugendlichen mit Migrationshintergrund, eine Ausbildung zu beginnen, geringer als die von Jugendlichen ohne Migrationshintergrund, und dies nicht nur unmittelbar nach Beendigung der Schule, sondern auch noch drei Jahre danach (Beicht & Granato 2009, Abb. 5). Einmal im Ausbildungsverhältnis angekommen, durchlaufen 77% der Jugendlichen mit Migrationshintergrund dieses erfolgreich, aber bei den deutsch-stämmigen sind es 85% (Granato 2012). Sie werden auch etwas häufiger (63% vs. 52%) anschließend berufstätig oder von ihrem Betrieb übernommen.

Da sie seltener sofort nach der Schule in eine Ausbildung kommen, beginnen Jugendliche mit Migrationshintergrund überproportional häufig eine Bildungsmaßnahme des Übergangssystems, sofern sie über die Mittlere Reife verfügen, während es bei denjenigen, die nur den Hauptschulabschluss haben, keinen Unterschied zu Jugendlichen ohne Migrationshintergrund gibt (Granato 2012). Nach der Maßnahme gelingt es Jugendlichen mit Migrationshintergrund auch seltener

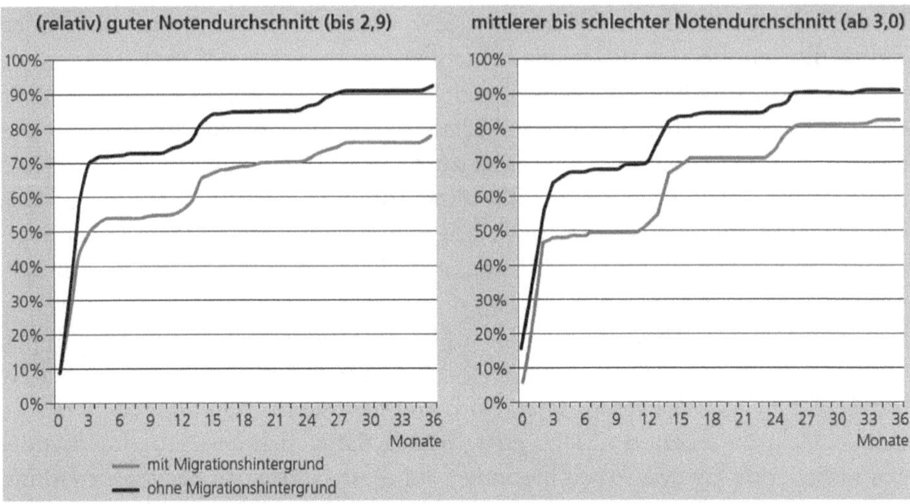

Abb. 5: Wahrscheinlichkeit der Einmündung in eine Berufsausbildung bei Jugendlichem mit Mittlerer Reife. Quelle: Beicht & Granato 2009: S. 22

(47% vs. 60% ein Jahr danach; 58% vs. 74% drei Jahre danach), eine Ausbildung zu beginnen. Andererseits erreichen diejenigen Jugendlichen mit Migrationshintergrund, die im Übergangssystem einen weiterführenden Abschluss anstreben, häufiger als deutsche Jugendliche die Mittlere oder sogar Fachhochschulreife (61% und 29% vs. 55% und 23%, bei gleicher Ausgangsquote).

Die geringere Ausbildungsbeteiligung von Migranten prägt selbstverständlich auch das weitere Erwerbsleben. Erwachsene Einwanderer (25 – 64 Jahre) erster Generation haben häufiger keinen Berufsabschluss (40%) als Migranten zweiter oder dritter Generation (26%), und beide häufiger als die einheimische Bevölkerung (11%) (Anger et al. 2010). Komplementär dazu sind die Quoten der Erwachsenen mit berufsqualifizierendem Abschluss 42% in der ersten und 56% in den folgenden Generationen. Trotzdem haben andererseits Einwanderer erster Generation etwas häufiger einen Hochschulabschluss (15%) als ihre Nachkommen (11%). Dies könnte darauf hinweisen, dass Migranten eher der Mittelschicht ihres Heimatlandes entstammen, im Gastland dieses Niveau aber nicht aufrechterhalten können.

Im Ergebnis sind Migranten rund doppelt so häufig arbeitslos wie Deutsche ohne Migrationshintergrund (14%), und mehr als doppelt so häufig auf Transferleistungen angewiesen (21% zu 9%). Sie verdienen ihr Geld viel häufiger in Arbeitertätigkeiten (49% zu 26%), hingegen seltener als Beamte oder Angestellte (Anger et al. 2010). Die höhere Arbeitslosenquote der Migranten bleibt auch erhalten, wenn man gleiche Qualifikationsniveaus gegeneinander stellt. Unter den gering, mittel oder hoch Qualifizierten sind die Erwerbslosenquoten von Migranten jeweils rund 4 Prozentpunkte höher als die von Nicht-Migranten, mit dem größten Unterschied ausgerechnet bei Hochqualifizierten (9,8% zu 3%). Einen Hauptgrund dafür sieht die Studie in Sprachdefiziten. Unter den Hochqualifizierten bzw. Akademikern kommt hinzu, dass das Kompetenzniveau der akademischen Ausbildung im Ausland erheblich unter dem deutschen Niveau liegt.

2.1.2 Entwicklungen und Tendenzen

Im vorangegangenen Abschnitt wurde bereits erwähnt, dass die Quote der Migranten ohne Berufsausbildung von Generation zu Generation sinkt. Auch in den referierten IGLU- und PISA-Daten sank der Abstand zwischen Schülern mit und ohne Migrationshintergrund von Studie zu Studie. Diese Befunde deuten bereits an, dass die geringere Bildungsbeteiligung von Einwanderern kein Dauerzustand ist, sondern sich merklich mit der Zeit bessert. So resümiert auch der Bildungsbericht 2012 der Bundesregierung: „Die Bildungsbeteiligung der Jugendlichen und jungen Erwachsenen im Alter von 16 bis unter 29 Jahren mit Migrationshintergrund hat sich seit 2005 erhöht und entspricht etwa der Bildungsbeteiligung der Deutschen ohne Migrationshintergrund“ (Bildungsbericht 2012, S. 7).

Um wieder im Grundschulalter zu beginnen: Bei einer Untersuchung unter Kölner Grundschülern zeigten Kristen & Dollmann (2009), dass die Wahrscheinlichkeit für türkische Schüler, anschließend aufs Gymnasium oder die Realschule zu gehen, von der zweiten zur dritten Migrantengeneration zunimmt, was einerseits auf deutlich verbesserte Leistungen zurückzuführen ist, andererseits aber auch noch nach Korrektur für die Leistungen erkennbar bleibt. Bei der in den IGLU-Studien gemessenen Leseleistung verringerte sich der Abstand zwischen Viertklässlern mit und ohne Migrationshintergrund von 55 Punkten im Jahr 2001 über 48 Punkte 2006 zu 42 Punkten bei der bislang letzten Studie 2011 (Bos et al. 2007, Schwippert et al. 2012, Tarelli et al. 2012). Diese Annäherung verdankt sich der Verbesserung bei den Einwandererkindern, denn die Kinder deutscher Herkunft verbesserten sich nicht. Auch in den TIMSS-Studien besserte sich zwischen 2007 und 2011 der Rückstand in den mathematischen Kompetenzen um sieben Punkte, in den naturwissenschaftlichen Fertigkeiten sogar um 11 Punkte (Tarelli et al. 2012b). Und dass die deutschen 15jährigen in ihrer Lesekompetenz zwischen PISA 2000 und PISA 2012 von 484 auf 508 zulegten, wird sogar vorwiegend auf die deutliche Leistungsverbesserung der Schüler mit Migrationshintergrund zurückgeführt (PISA 2012 Ländernotiz Deutschland). Ähnliches gilt für die mathematischen Fähigkeiten, in denen sich der Leistungsabstand beim Test 2012 auf 54 verringert hat, verglichen mit 81 Punkten beim Test 2003.

Wie gut werden Jugendliche und junge Erwachsene jenseits des PISA-Alters – und damit jenseits der Schulpflicht – vom Bildungssystem erfasst? Diesbezüglich gibt es eine erstaunlich schnelle und gründliche Angleichung zwischen den Herkunftsgruppen (Bildungsbericht 2012, Tab. b4-5web, Abb. 6). In allen definierten Altersgruppen (16-19 Jahre, 20-24 Jahre, 25-29 Jahre) besuchten Deutsche ohne

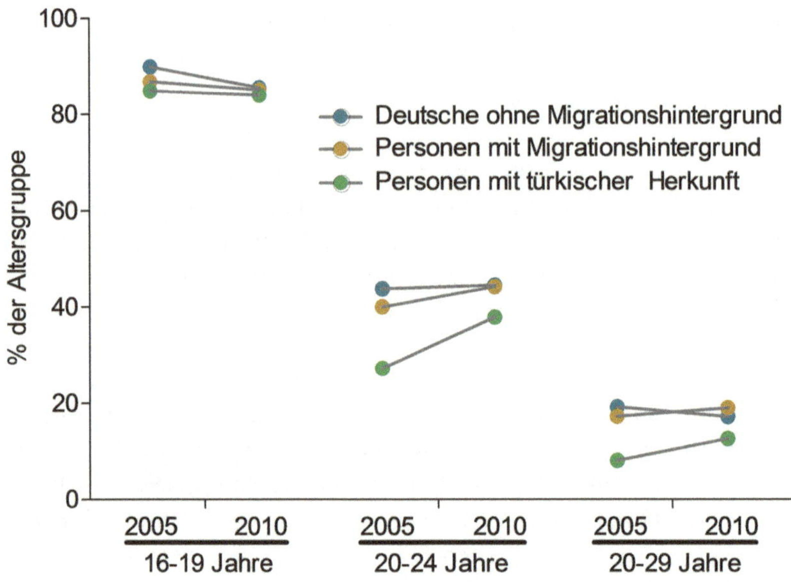

Abb. 6: Veränderung der Bildungsbeteiligung aus-gewählter deutscher Bevölkerungsgruppen zwischen 2005 und 2010. Quelle: Eigene Graphik nach Daten des Bildungsberichts 2012

Migrationshintergrund im Jahr 2005 häufiger eine Bildungseinrichtung als Leute mit Migrationshintergrund. Fünf Jahre später haben sich die Quoten merklich angeglichen. Während die Bildungsbeteiligung der Urdeutschen stagnierte oder sogar leicht zurückging, stieg jene der Migranten im selben Zeitraum an, so dass die Quote der Deutschen erreicht oder teils übertroffen wurde. Betrachtet man unter den Personen mit Migrationshintergrund gesondert diejenigen mit türkischer Herkunft, so liegen ihre Quoten zwar besonders niedrig, sind aber zwischen 2005 und 2010 auch besonders stark angestiegen – in der Altersgruppe zwischen 20 und 24 Jahren sogar um rund 10 Prozentpunkte. Als längerfristiges Ergebnis dieser Entwicklung ist unter den 30-35jährigen Migranten türkischer Herkunft der Anteil derer, die keinen beruflichen Bildungsabschluss erworben haben, zwischen 2005 und 2010 von 58,5% auf 52% gesunken (Bildungsbericht 2012, Tab. B5-13web).

Damit ist allerdings noch nichts gesagt darüber, welche Art von Bildungseinrichtung besucht wird. Der Anteil ausländischer Jugendlicher, welche die Hauptschule besuchen, ging zwischen 2000/01 und 2006/07 um 2,8 (Jungen) bzw. 3,6 (Mädchen) Prozentpunkte zurück, während der Besuch von Realschulen und Gymnasien um jeweils durchschnittlich knapp 3 Prozentpunkte zunahm (Siegert 2008). Zwar waren die gymnasialen Zuwachsraten bei deutschen Schülern noch höher (6 Prozentpunkte), so dass der Anteil von ausländischen Schülern an Gymnasien relativ unverändert gering geblieben ist. Dennoch gibt es eine erkennbare Bewegung ausländischer Schüler (Siegert 2008 unterschied nur nach Staatsangehörigkeit) in Richtung Gymnasium. Türkische Schüler lagen dabei übrigens ziemlich genau auf dem Durchschnitt aller Ausländer.

Im selben Zeitraum fiel daher auch der Anteil von ausländischen Schülern ohne Abschluss deutlich um 4 (Jungen) bzw. 2,2 (Mädchen) Prozentpunkte (Siegert 2008). Seit 2000 ist ihr Prozentsatz von 20% auf unter 15% gesunken (Anger et al. 2012). Im Gegenzug war bereits zwischen 1991 und 1998 der Anteil der Jugendlichen mit hohem Schulerfolg bei türkischstämmigen Jugendlichen parallel zu den Deutschen um ca. sechs Prozentpunkte gestiegen, ohne allerdings die Kluft merklich zu verringern. Interessant ist in diesem Zusammenhang auch, dass Ausländer und Migranten unter den Besuchern von Abendschulen überrepräsentiert sind (Siegert 2008). Im Schuljahr 2006/07 waren über 40% der Schüler an Abendschulen Ausländer, wobei der Anteil mit der Schulstufe sank, so dass auf Abendgymnasien noch gut 12% der Schüler Ausländer sind haben. Auch dies sind aber noch mehr als im Gesamtdurchschnitt aller Schüler (9,6%). Diese Zahlen deuten darauf hin, dass schulpflichtige Migranten im Bildungssystem mit Schwierigkeiten zu kämpfen haben, die zu überwinden sie erst später, als Erwachsene, die Möglichkeit haben. Sie verweisen überdies auf die hohe Bildungsaspiration unter Menschen mit Migrationshintergrund (s. Abschnitt 2.4.).

2.2 Ursachen der schlechteren Bildungsbeteiligung von Migranten

2.2.1 Primäre und sekundäre Herkunftseffekte

In den PISA-Studien schneiden Schüler mit Migrationshintergrund stets schlechter ab als ihre Klassenkameraden ohne Migrationshintergrund, und dies in fast allen Ländern. Der Unterschied in der Lesekompetenz ist jedoch in Deutschland besonders groß (Stanat et al. 2010). Nur in Belgien, Luxemburg und Österreich ist der Abstand noch ein wenig größer. Wie bereits dargestellt, führen diese geringen Fähigkeiten zu vermindertem Schulerfolg und höheren Abbrecherquoten. Es stellt sich die Frage, was die Ursachen für diese Schwäche sein könnten, die v.a. türkischstämmige Jugendliche betrifft.

Mit der Unterscheidung zwischen primären und sekundären Herkunftseffekten trennte Boudon (1974) erstmals zwischen denjenigen Folgen des sozialen Hintergrunds, die sich unmittelbar auf das Lernen auswirken (primäre Effekte), und denjenigen, welche die Bildungsentscheidungen durch Eltern oder Lehrer betreffen (sekundäre Effekte). D.h.: Wo der Schulerfolg von Migranten von primären Herkunftseffekten beeinträchtigt wird, sind ihre Leistungen und Noten schlechter als die von Schülern ohne Migrationshintergrund, während sekundäre Herkunftseffekte dazu führen, dass ausländische Schüler bei gleichen Leistungen anders beurteilt werden oder am ersten Bildungsübergang nach der Grundschule eine andere weiterführende Schulform wählen. Die nachfolgend präsentierten, verfügbaren Daten zeigen, dass in Deutschland beide Arten von Effekten den Bildungserfolg von Migranten beeinflussen, aber auf gegensätzliche Weise.

2.2.2 Sozioökonomischer Hintergrund

Kinder aus gut bzw. schlecht verdienenden Familien sind extrem unterschiedlich auf die weiterführenden Schulformen verteilt: Wird als Maß des sozioökonomischen Status' der *Highest International Socio-Economic Index of Occupational Status* (HISEI) verwendet, so ist dessen Mittelwert bei Gymnasiasten mit 55 deutlich höher als bei Hauptschülern mit 39 (Nold 2010). In Gymnasien ist der Anteil von Schülern aus dem obersten Quartil fünfmal so hoch wie in Hauptschulen; umgekehrt ist der Anteil von Schülern aus dem ärmsten Quartil an Hauptschulen dreimal so hoch wie an Gymnasien (ebd.). Rechnet man die Zahlen auf die Bildungschancen der Schüler mit einem bestimmten sozioökonomischen Hintergrund um und verwendet das zweitunterste Quartil als Referenz, so haben Kinder aus dem untersten Quartil eine um 60% höhere Chance, zur Hauptschule, und eine um 40% geringere, aufs Gymnasium zu gehen, während Kinder aus dem reichsten Quartil um über 40% weniger wahrscheinlich auf die Hauptschule, aber dreieinhalb mal so wahrscheinlich zum Gymnasium gehen. Diese Zahlen bestätigen die seit der ersten PISA-Studie bekannte Tatsache, dass schulische Karrieren in Deutschland außergewöhnlich stark vom sozioökonomischen Hintergrund der Familie abhängen.

Wie oben (1.1.3) dargestellt, sind Migranten in Deutschland im Durchschnitt wirtschaftlich schwächer gestellt als Einheimische. Dies gilt dementsprechend auch für Schüler: 15jährige mit Migrationshintergrund liegen im HISEI in Deutschland um 11 Punkte unter ihren Altersgenossen ohne Migrationshintergrund, und dies ist der größte Rückstand unter allen Einwanderungsländern in der OECD (Geißler 2012). Gleichzeitig sind sie im Bildungssystem auffallend weniger erfolgreich. Die Annahme liegt nahe, dass Bildungserfolg und wirtschaftliche Lage bei Migranten eng zusammenhängen. Zahlreiche Studien bestätigen diese Annahme. Bei gleichem sozioökonomischen Status und gleicher Sprachfähigkeit haben Migranten einen ebenso hohen Bildungserfolg wie Einheimische (s. Becker 2010), ja, in einigen Studien sogar einen höheren. Dies gilt auch für die Wissensstandsuntersuchungen in der Grundschule: Sowohl 2007 als auch 2011 halbierte sich der Rückstand in der Lesekompetenz von Schülern mit Migrationshintergrund, wenn der soziale Hintergrund als Variable berücksichtigt wurde (Bos et al. 2007, Schwippert et al. 2012). Weitere Einflussfaktoren sind der Bildungsstand der Eltern, die Familiensprache und die häusliche Verfügbarkeit von Büchern (s.u.). Auch der unterschiedliche Ausbildungserfolg lässt sich durch Faktoren wie die Schulleistungen, die familiären Ressourcen und die Rahmenbedingungen der Ausbildung erklären, ohne dass ein feststellbarer Einfluss des Migrationshintergrunds an sich bleibt (Granato 2012).

Der geringere Bildungserfolg von Migranten ist durchaus kein deutsches Phänomen. Für die Schweiz untersuchten Becker et al. (2011) die Ursachen und kamen zu dem Schluss, dass nichts dafür spreche, dass Ausländer aktiv benachteiligt würden, sondern dass die Unterschiede sich vollständig durch den geringeren sozioökonomischen Status der Migranten und z.T. verbleibende Sprachprobleme erklären lassen. In den Niederlanden finden sich Immigranten bei gleichen Fähigkeiten eher in unteren Bildungseinrichtungen (Van de Werfhorst & Tubergen 2007); sie liegen dagegen höher, wenn man den sozioökonomischen Status berücksichtigt. Auch eine Studie an 22000 französischen Schülern am Beginn der Sekundarstufe fand, dass Migranten bei gleichem sozioökonomischem Hintergrund sie im baccalauréat erfolgreicher waren und Schwierigkeiten hartnäckiger überwanden (Vallet & Caille 1999).

Es gibt demnach seitens der Migranten im Durchschnitt keine erkennbare Bildungsunwilligkeit. Ausländer in Deutschland sind sich bewusst, dass eine bessere Ausbildung ihnen helfen kann, ihre Lebensumstände zu verbessern, und sie setzen dieses Wissen in die Tat um, soweit ihre Umstände ihnen das erlauben.

2.2.3 Sprachkenntnisse und kulturelles Kapital

Eine weitere Ursache für den geringeren Bildungserfolg von Migranten ist, dass ihre Kenntnisse in der Unterrichtssprache oft unvollkommen sind. In der IGLU-Studie 2011 sprachen 19,7% der Viertklässler zu Hause nie oder nur manchmal Deutsch. Im internationalen Durchschnitt ist der Anteil derer, welche die Testsprache daheim selten oder nie gebrauchen, mit 27% der Schüler etwas höher. Aber die Verbreitung der Testsprache in einem Land korreliert anscheinend nicht oder nur schwach mit dem Nachteil, den es mit sich bringt, diese Sprache nicht in der Familie zu sprechen: Während es etwa in Taiwan und Hongkong, wo nur die Hälfte bzw. zwei Drittel der Schüler daheim die Landessprache sprechen, für die Testergebnisse kaum einen Unterschied macht, ist die Benachteiligung in Deutschland sehr deutlich (Platz 7 unter den teilnehmenden Ländern) und stärker als im internationalen Durchschnitt. Hier fällt die Lesekompetenz um 32 Punkte schlechter aus – was ungefähr dem Leistungszuwachs eines Schuljahres entspricht –, wenn zu Hause nicht Deutsch gesprochen wird (Schwippert et al. 2012). An dem Rückstand in der Lesekompetenz der Schüler mit Migrationshintergrund von 42 Punkten, wenn beide Eltern im Ausland geboren wurden, erklärt der Faktor der Familiensprache rund 12 bis 13 Punkte. Weitere sehr starke Einflüsse haben – als Maß des kulturellen Kapitals – ein bedeutsamer (> 100) Buchbesitz in der Familie und ein hohes Bildungsniveau der Eltern. Berücksichtigt man alle drei Faktoren (Familiensprache, Buchbesitz, Bildungsniveau), dann macht es keinen Unterschied für die Lesekompetenz, wenn ein Elternteil im Ausland geboren wurde, und nur einen geringen von -16 Punkten, wenn es beide Elternteile sind.

Auch für die mathematischen Kompetenzen in der vierten Klasse ergibt sich in Deutschland ein Rückstand von 32 Punkten, und für die naturwissenschaftlichen sogar einer von 48 Punkten, wenn in der Familie nicht oder selten Deutsch gesprochen wird (TIMSS-Studie 2011, Tarelli et al. 2012), womit die Familiensprache auch hier in Deutschland einen stärkeren Einfluss hat als in den meisten OECD-Ländern. Die multivariate Analyse zeigt auch für diese Untersuchung, dass Familiensprache und kulturelle Faktoren einen großen Teil des Leistungsrückstandes aufklären, der bei Schülern mit Migrationshintergrund gefunden wird. Für ältere Studien (IGLU 2001 und PISA 2006) zeigte Hillmert (2012), dass die zuhause gesprochene Sprache, die Migrationsgeneration und der Bildungsstand der Eltern die hauptsächlichen Einflussfaktoren auf das Abschneiden waren.

Dass neben der Sprachkompetenz auch die familiäre Bildungsnähe den Schulerfolg entscheidend beeinflusst, ist naheliegend. Der Zusammenhang zeigt sich auch in der PISA-Studie 2009. Wenn die Eltern keinen Abschluss der Sekundarstufe II oder so gut wie keine Bücher im Hause haben, senkt das die Lesekompetenz der Schüler um 55,6 bzw. 64,3 Punkte (Anger et al. 2010). Etwas geringer (-28,1 Punkte) ist der Effekt, wenn die Eltern kein Lexikon oder keinen PC besitzen. Die Studie zeigt zusätzlich, dass es vom Migrationshintergrund abhängt, ob diese Risikofaktoren zutreffen. 54,3% der Eltern von ausländischen, aber nur 8,3% der Eltern von deutschen Schülern haben keinen Sekundarstufe II-Abschluss; 17,6% vs. 4,7% kein Buch im Haus, jeweils doppelt so viele Migranten wie Deutsche kein Wörterbuch (6,6% zu 3%) und keinen Computer (15,5% zu 7,4%).

Und auch zum Ende der Laufbahn bestimmt der Bildungshintergrund der Eltern sehr stark den Schulerfolg. Kristen und Granato (2004) stellten anhand von Mikrozensusdaten zwischen 1991 und 1998 Schüler, die mit 18 Jahren einen hohen Schulerfolg hatten (Sekundarstufe II laufend oder abgeschlossen), denjenigen gegenüber, die dies nicht geschafft hatten, und berechneten nach verschiedenen Modellen den Einfluss des kulturellen Kapitals, das die Eltern in die Bildung ihrer Kinder investieren konnten. Im Einklang mit allen anderen hier erwähnten Studien fanden sie, dass die meisten Migranten, und insbesondere solche aus der Türkei, Exjugoslawien und Italien, im Schulsystem erheblich schlechter abschnitten als deutsche Schüler. Diese Unterschiede verringerten sich aber bereits erheblich und waren für die türkischen Schüler nicht mehr signifikant, wenn der Bildungsabschluss der elterlichen Bezugsperson als Kontrollvariable mit einberechnet wurde. Eine weitere Angleichung ergab sich, wenn die berufliche Stellung der Eltern berücksichtigt wurde. Dadurch verschwand der Unterschied zwischen Türken und Deutschen vollständig. Die Variable „Familieneinkommen", die mit dem Bildungsstand und der beruflichen Stellung der Eltern hoch korreliert, hatte demgegenüber keine weitergehende Erklärungskraft.

Während staatliche Interventionen wenig daran ändern können, dass Eltern ihren Kindern unterschiedliche Bildungsnähe und damit Bildungsneigung mit auf den Weg geben, ist es ohne weiteres möglich, an den verschiedenen sprachlichen Fähigkeiten zu arbeiten, welche die Schüler mitbringen. In diesem Zusammenhang muss gesagt werden, dass Deutschland im OECD-Vergleich ausgesprochen wenig für die Sprachförderung von Schülern mit Migrationshintergrund tut (Hertel et al. 2009). Nur 30% der Schulen bieten zusätzlichen sprachlichen Förderunterricht an, womit Deutschland auf dem letzten OECD-Platz liegt. Auch wenn es um Vorbereitungskurse oder Fachunterrichtsteile in der Herkunftssprache geht, rangiert Deutschland auf den hinteren Plätzen (Geißler 2012, Söhn 2012). Dabei verweisen verschiedene Autoren darauf, dass Mehrsprachigkeit ein enormer Vorteil sein kann, wenn sie didaktisch klug und erfolgreich betreut wird (Riehl 2006, Reich 2011). Insbesondere das Konzept der „koordinierten Alphabetisierung" („KOALA"), bei dem die Grundschüler das Lesen und Schreiben gleichzeitig und koordiniert auf Deutsch und in der Familiensprache erlernen, führt zu einer ebenso guten Beherrschung des Deutschen wie der reine deutschsprachige Unterricht, aber natürlich zu erheblich besserem schriftlichem Umgang mit der Familiensprache, und ist darin auch einem Konzept überlegen, bei welchem der Deutschunterricht bloß durch muttersprachlichen Unterricht ergänzt wird (Reich 2011).

2.2.4 Diskriminierung und sekundäre Herkunftseffekte

Der Glaube an das meritokratische Prinzip bei der Beurteilung von Schulleistungen, dass also die Zeugnisnoten getreulich die Fähigkeiten des individuellen Schülers widerspiegeln, ist eine der wichtigsten Stützen des Bildungssystems. Doch wie Radtke (2004) ausführt, ist dieses Vertrauen in den vergangenen Jahren gründlich erschüttert worden. Bei verschiedenen Studien zum Kenntnisstand in Grundschulen, wie der IGLU-Studie oder der Hamburger LAU-Studie, korrelierte die ermittelte Leistung nur lose mit den Schulnoten der Schüler. Nicht nur Vorlieben und Vorurteile der Lehrer beeinflussen die Noten, sondern auch institutionelle Rahmenbedingungen wie z.B. die Zahl verfügbarer Plätze an den weiterführenden Schulen, und damit die Schulpolitik der verschiedenen Bundesländer. Es besteht also viel Raum für Zufall und Willkür bei der Empfehlung für die geeignete Schulform ab der fünften Klasse. In der Folge müssen Kinder aus bildungsfernen Schichten und mit Migrationshintergrund erheblich mehr leisten, um genauso beurteilt zu werden wie deutsche Kinder aus einem gebildeten Elternhaus. Dies ist in verschiedenen Studien bestätigt worden. So zeigte eine Analyse der PISA-Daten (Geißler 2012): Bei gleicher Leseleistung gehen Kinder aus der Oberschicht dreimal so oft ein Gymnasium wie Kinder von Facharbeitern. Das ist z.T. auf die Empfehlungen der Lehrer zurückzuführen: Kinder aus bildungsfernen Familien müssen in ihrer Leseleistung um 66 Punkte über dem Durchschnitt von 548 Punkten liegen, um eine Gymnasialempfehlung zu bekommen, während bei Kindern von Eltern aus der oberen Dienstklasse sogar unterdurchschnittliche Leseleistungen genügen.

Benachteiligt werden Schüler aus soziökonomisch schwachen Familien nicht nur innerhalb ihrer Klassenstufen, sondern auch auf der Ebene der besuchten Schulen. Radtke (2004) und der Sachverständigenrat (2012) kritisieren, dass es zunehmend zu einer schulischen Segregation kommt, indem Eltern aus der Mittelschicht ihre Kinder nicht in Schulen mit hohem Migrantenanteil schicken, und umgekehrt Schulen in besseren Vierteln mutmaßliche Problemkinder aus sozial schwächeren Wohngegenden abweisen. Dadurch würden die Lernbedingungen an den benachteiligten Schulen erschwert, weil z.B. die Deutschkenntnisse der Schüler geringer seien, und diese Schulen würden in der öffentlichen Wahrnehmung stigmatisiert (Sachverständigenrat 2012, S. 81). Im Einklang mit dieser Analyse kam auch die PISA-Studie 2009 zu dem Ergebnis, dass Schüler mit Migrationshintergrund nicht nur durch ihren eigenen, schlechteren sozioökonomischen Hintergrund benachteiligt sind, sondern auch dadurch, dass an Schulen in ihrem Viertel schlechtere Lehrer arbeiten.

Und nicht nur die Qualität des Unterrichts ist an Schulen in verschiedenen Vierteln unterschiedlich, sondern auch die Zusammensetzung der Schülerschaft. Auch diese kann den Lernerfolg beeinflussen. Je höher der Anteil von Schülern mit Migrationshintergrund in einer Klasse – so fand eine Studie in Österreich (Schneeweis 2013, ähnlich auch Åslund et al. 2009 in Schweden) –, desto weniger von ihnen werden später das Gymnasium besuchen. Für die einheimischen (in diesem Falle österreichischen) Schüler in der Klasse besteht dieser Zusammenhang nicht. Der Effekt wird vorwiegend durch die Schüler mit demselben ethnischen Hintergrund verursacht. Da sich diese oft an bestimmten Schulen konzentrieren, weist die Autorin darauf hin, dass sich der Schulerfolg von Migranten schon einfach dadurch steigern ließe, dass man sie gleichmäßiger auf die Schulen verteilte.

Diskriminierung von Schülern mit Migrationshintergrund geschieht demnach nicht unbedingt bewusst. Es ist nicht nötig, dass dazu derselbe Lehrer zwei Schüler mit identischen Leistungen, aber unterschiedlichem Hintergrund unterschiedlich beurteilt. Bereits institutionalisierte Mechanismen genügen, um zu erklären, warum Schüler aus unterschiedlichen sozialen Gruppen und Schichten nicht dieselben Chancen haben, im Bildungssystem erfolgreich zu sein.

Hinzu kommen Mechanismen der Diskriminierung, die im Einzelnen durchaus nicht „böse gemeint“ sein müssen, in der Gesamtheit aber zu einer messbaren Benachteiligung z.B. in der Berufsausbildung führen. So hat eine Studie des Sachverständigenrats deutscher Stiftungen für Integration und Migration (Schneider et al. 2014) soeben gezeigt, dass bei identischen Qualifikationen Bewerber mit türkischem Namen signifikant mehr Bewerbungen auf eine Lehrstelle schreiben müssen, ehe sie eingeladen werden, als Bewerber mit deutschem Namen. Sie erhalten mehr Absagen, oder gar keine Rückmeldung, und seltener Einladungen. Eine Befragung von Personalverantwortlichen in derselben Studie ergab, dass dabei neben schlechten Erfahrungen mit früheren Auszubildenden, die generalisiert werden, auch das Bemühen um Homogenität im Betrieb eine Rolle spielt.

2.2.5 Gibt es einen migrationsspezifischen Rest?

Auch nach Berücksichtigung von sozioökonomischen, kulturellen und sprachlichen Faktoren ist die Lesekompetenz von Viertklässlern, deren beide Eltern im Ausland geboren wurde, noch signifikant um 13 Punkte geringer als der Referenzwert (Schwippert et al. 2012). Bei den mathematischen Kompetenzen bleiben sogar noch 17 und bei den naturwissenschaftlichen 27 Punkte Rückstand (Tarelli et al. 2012). Ebenso liegen in der PISA-Studie 2009 türkischstämmige Jugendliche auch nach Kontrolle auf sozioökonomischen Hintergrund und das kulturelle Kapital der Eltern noch hinter den Schülern ohne Migrationshintergrund (Stanat et al. 2010). Und auch beim Übergang in eine Berufsausbildung bleibt ein eigenständiger Einfluss des Migrationshintergrundes bestehen, wenn alle bekannten Einflussfaktoren berücksichtigt werden – namentlich höchster Schulabschluss, Notendurchschnitt, Bildungsstand der Eltern, qualifizierte Tätigkeit des Vaters, soziales Umfeld (Beicht & Granato 2009).

Es muss also migrationsspezifische Effekte (Geißler 2012) geben, die in den PISA-Studien noch nicht abgefragt werden. Einer davon scheint die Sprache zu sein, die in der Familie gesprochen wird. Türkische Kinder, die daheim vorwiegend Deutsch sprechen, schneiden in der Lesekompetenz etwas besser ab als diejenigen, die Türkisch sprechen. Allerdings sind sie weiterhin deutlich schlechter als die Schüler ohne Migrationshintergrund, so dass weitere Faktoren am Werk sein müssen. Stanat und Kollegen (2010) mutmaßen, dass die mangelnde Wertschätzung, welche türkische Migranten in Deutschland wahrnehmen, also das mächtige gesellschaftliche Stereotyp von dieser Gruppe, ihr Verhalten beeinflussen könnte.

Wie oben bereits diskutiert, könnte ein weiterer und konkreterer Grund darin liegen, dass Kinder mit Migrationshintergrund schlechtere Schulen besuchen. Für Grundschüler ist dieser Erklärungsansatz möglicherweise unbefriedigend, denn es müsste dasselbe für sozial schwache Schüler ohne Migrationshintergrund gelten. D.h.: Der Einfluss der Schule sollte mit der Berücksichtigung des sozioökonomischen Hintergrundes abgedeckt sein. In der weiteren Schullaufbahn aber können die sekundären Herkunftseffekte, also die Bildungsentscheidungen durch Eltern und Lehrer, durchaus auf die Leistung zurückwirken. Wie im entsprechenden Abschnitt (2.2.4) erwähnt, gehen Schüler mit Migrationshintergrund bei gleicher Leistung seltener aufs Gymnasium. Da der Wissenszuwachs bei gleichem Ausgangsstand an Hauptschulen geringer ist als auf Realschulen, und dort geringer als an Gymnasien, werden auf diesem Wege möglicherweise Kompetenzunterschiede erzeugt.

2.3 Gegenmaßnahmen

2.3.1 Frühkindliche Erziehung bei Migranten

2.3.1.1 Die Auswirkungen frühkindlicher Erziehung auf die Bildungskarriere

Das Elternhaus, bzw. der sozioökonomische Status, sowie die Sprachfähigkeit sind allen referierten Studien zufolge die beiden bestimmenden Faktoren für den Bildungserfolg eines Jugendlichen. Um Kindern aus bildungsfernen Schichten trotzdem weitestgehende Chancengleichheit im Bildungssystem zu verschaffen, müssen diese Nachteile daher durch gesellschaftliche Intervention ausgeglichen werden. Kinder aus unteren sozioökonomischen Schichten - das umfasst auch, aber bei weitem nicht nur, viele - und wiederum nicht alle - Migranten - brauchen besondere Förderung, um die mangelnde Unterstützung aus dem Elternhaus zu kompensieren. Dies kann während der Schullaufbahn erfolgen - s. dazu den folgenden Abschnitt -, oder bereits vor deren Beginn, im Kindergarten. So sinkt die Lesekompetenz in der PISA-Studie um 16,2 Punkte, wenn die untersuchten 15jährigen als Kinder nur höchstens ein Jahr lang den Kindergarten besucht hatten (Anger et al. 2010). Auf Schüler mit Migrationshintergrund trifft dies rund dreimal so oft zu wie auf Schüler deutscher Herkunft (35,9% zu 13,6%).

Mehrere Studien untermauern den großen Einfluss, den frühe Bildungsbeteiligung auf die weitere Bildungskarriere hat. Restuccia und Urrutia (2004) verglichen in einem Modell, in wieweit angeborene Fähigkeiten und Investitionen in frühe (hier: bis einschließlich Grundschule) und späte (College-) Bildung als hauptsächliche Einflussfaktoren die Beständigkeit des Einkommensniveaus von einer Generation zur nächsten („intergenerational persistence of earnings") beeinflussen. Sie kamen zu dem Ergebnis, dass angeborene Fähigkeiten ein sehr mächtiger Faktor sind, dessen Größe allerdings im politischen Maßstab weder bekannt ist noch beeinflusst werden kann. Weitgehend unabhängig von dessen Ausprägung kann die Einkommensbeständigkeit gesenkt, Chancengleichheit also erhöht werden, wenn viel in die frühkindliche Bildung investiert wird. Da diese Investitionen durch die Finanzkraft der Familien begrenzt werden, empfehlen die Autoren, staatliche Mittel zur Bildungsförderung hierhin zu konzentrieren. Finanzielle Unterstützung der Collegebildung sei demgegenüber weitgehend wirkungslos, weil solche Förderung keinen Einfluss auf die Fähigkeit der Schüler habe, die Schule erfolgreich abzuschließen.

Diese modellhafte Vorhersage ist von mehreren Studien bestätigt worden. Anhand der Daten von 316 westdeutschen Schülern (206 Deutsche, 110 Ausländer) des German Socio-Economic Panel (GSOEP) von 1984 bis 1994 zeigten Spieß und Kollegen (2003), dass nur 41% der Kinder ohne Kindergartenerfahrung, aber 64% derjenigen mit früherem Kindergartenbesuch im Alter von 14 Jahren die Realschule oder das Gymnasium besuchten. Dieser Effekt war vorwiegend auf die ausländischen Schüler zurückzuführen, bei denen die Quoten 21% vs. 51% betrugen. Während in der weiteren Analyse, nach Berücksichtigung sozioökonomischer Variablen, der Kindergartenbesuch für die Schulkarriere der Deutschen keinen Unterschied machte, war die Kindergartenerfahrung bei den ausländischen Jugendlichen sogar der einzige Faktor mit signifikantem Einfluss auf die Wahl der weiterführenden Schule.

Während diese Studie nur den Einfluss von mindestens einem Kindergartenjahr anhand einer sehr kleinen Stichprobe untersuchte, verfügt eine Untersuchung der Geburtsjahrgänge 1990 bis 1995 von in Deutschland geborenen Kindern nicht nur über eine erheblich größere Stichprobe, sondern untersucht auch den Einfluss eines Krippenbesuchs vor dem dritten Lebensjahr (Fritschi & Oesch 2008). Ihr zufolge erhöht sich die Wahrscheinlichkeit, aufs Gymnasium zu gehen, im Durchschnitt bei allen Kindern, die in die Krippe gegangen sind, von 36% bei Nur-Kindergarten-Kindern auf 50%. Auch dieser Studie zufolge profitieren besonders Kinder aus sozial schwachen Familien. Kinder von Migranten haben, wenn sie nur in den Kindergarten gegangen sind, eine Chance von 17,2%, wenn sie auch in die Krippe gegangen sind, eine von 26,8%, später aufs Gymnasium zu gehen. Kinder von in Deutschland geborenen Eltern profitieren umso mehr vom Krippenbesuch, je niedriger der Schulabschluss ihrer Eltern ist.

Frühförderung im Kindergartenalter vereinfacht einer weiteren Studie zufolge nicht nur den Übertritt aufs Gymnasium, sondern erhöht bei Schülern aus bildungsfernen Familien auch die Wahrscheinlichkeit, einen Abschluss der Sekundarstufe II zu machen, ebenso wie die Zahl der Studienabsolventen, und senkt die Gefahr, später Sozialhilfe zu beziehen (Anger & Plünnecke 2008). Im Erreichen dieser Ziele ist die Frühförderung demzufolge effizienter und damit preiswerter als eine spätere Nachqualifizierung im Erwachsenenalter, weil die in der Kindheit erworbene Bildung erhalten bleibt und als Basis für die weitere Akkumulation von Wissen dient. Diese Studie bestätigt damit die oben erwähnten Berechnungen (Restuccia & Urrutia 2004).

Leider kann keine der Studien zwischen Behandlungs- und Auswahleffekten unterscheiden. Will sagen: Der bessere Schulerfolg von Kindern, die eine frühe institutionelle Förderung erhalten haben, könnte auf die Wirkung dieser Förderung zurückzuführen sein (Behandlungseffekt), oder einfach darauf, dass Eltern, welchen die Bildung ihrer Kinder am Herzen liegt, diese bevorzugt in den Kindergarten schicken (Auswahleffekt). Spieß und Kollegen (2003) sind sich dieses Problems bewusst und versuchen, es durch die Berücksichtigung von sozioökonomischen Variablen zu umgehen (in der Annahme, dass die Bildungsaspiration gleich ist, wenn sozioökonomischer und Bildungshintergrund der Eltern gleich sind), räumen aber auch die Grenzen dieses Versuchs ein. Gerade bei Migranten, die in ihrem Herkunftsland weniger Zugang zum Bildungssystem hatten, kann die Bildungsaspiration der Eltern unabhängig von ihrer eigenen Bildung oder ihrem beruflichen Erfolg variieren. Wahrscheinlich ist obendrein, dass Kinder häufiger in Betreuungseinrichtungen gehen, wenn beide Eltern berufstätig sind, was u.U. mit familiären Einstellungen wie Disziplin, Fleiß, Ehrgeiz einhergeht. Andererseits sind aber auch Behandlungseffekte nicht von der Hand zu weisen. Weitgehend unabhängig von der (erfahrungsgemäß ohnehin eher geringen) pädagogischen Intervention durch die Erzieherinnen lernen Kinder im Kindergarten Deutsch, und sie werden mit impliziten Aspekten der deutschen Kultur vertraut. Beides wird ihnen in der weiteren Schullaufbahn zweifellos helfen.

Alle in diesem Absatz besprochenen Studien lassen sich der Forschungsrichtung der Bildungsökonomik zuordnen, die Bildung (= Ausbildung) als Investition betrachtet, durch welche Humankapital gebildet wird, das die Leistungsfähigkeit einer Volkswirtschaft erhöht. Obwohl es viele Gründe zur Skepsis gegenüber diesem Ansatz gibt, die sich nicht nur aus einem humanistischen Bildungsbegriff, sondern auch aus der Betrachtung der gesellschaftlichen und volkswirtschaftlichen Rahmenbedingungen ergibt (Zweifel etwa am exponentiellen Wirtschaftswachstum, am angeblichen Fachkräftemangel, sowie am Sinn des Unterfangens, eine Mehrheit der Jugendlichen in ehemals elitäre Bildungswege zu bringen), bleiben die quantitativen Ergebnisse und auch die Schlussfolgerungen dieser Untersuchungen auch dann gültig, wenn man weniger den wirtschaftlichen Wert des Menschen als vielmehr seine Zufriedenheit und gesellschaftliche Teilhabe im Blick hat. Daher fordert auch der Sachverständigenrat deutscher Stiftungen für Integration und Migration in seinem Jahresgutachten 2012 dringend den Ausbau der der Kindergartenbetreuungsplätze: „Dieser Verantwortung für die Zukunft des Landes darf der Staat sich nicht entziehen“ (S. 70).

2.3.1.2 Frühe Bildungsbeteiligung von Migrantenkindern

Wenn nun die Frühförderung von Kindern im Kindergarten und in der Grundschule eine so große Rolle für ihre weitere schulische Laufbahn spielt – wie sieht es tatsächlich mit der Bildungsbeteiligung von Kindern mit Migrationshintergrund im Vorschulalter aus?

Im Jahre 2012 besuchten laut dem Bildungsbericht der Bundesregierung 97% der 3- bis 5-jährigen ohne Migrationshintergrund einen Kindergarten, gegenüber 86% der gleichaltrigen Migranten. Bei den noch jüngeren Kindern war der Unterschied größer: 30% der Kinder ohne und 14% der Kinder mit Migrationshintergrund gingen in den Kindergarten. Während bei den Kindern ohne Migrationshintergrund die Quoten deutschlandweit ziemlich homogen sind – in allen Bundesländern gehen zwischen 93% und 99% der über Dreijährigen einen Kindergarten, und nur bei den Jüngeren übertreffen die ostdeutschen Länder mit 52% deutlich die alten Bundesländer –, gibt es für die Kinder mit Migrationshintergrund ein west-östliches Gefälle: In Rheinland-Pfalz gehen 96% der 3- bis 5-jährigen Migrantenkinder in den Kindergarten, in Baden-Württemberg und Hessen 90%, in Nordrhein-Westfalen 89%, etwas weniger in den anderen westdeutschen Ländern, und nur 76% in Ostdeutschland (Sachverständigenrat 2012). Seit 2008 besucht Jahr um Jahr ein größerer Teil von Kindern sowohl unter als auch über drei Jahren einen Kindergarten, wobei sich die Quoten von Kindern mit und ohne Migrationshintergrund fast völlig parallel bewegen (Cinar 2013). Es ist also bis zu den neuesten verfügbaren Daten von 2011 noch nicht zu einer Angleichung gekommen.

Die Erwartung, dass frühkindliche Förderung in der Kindertageseinrichtung alle Defizite eines bildungsfernen Elternhauses automatisch kompensiert, könnte allerdings zu oberflächlich sein. Der Umstand, dass Menschen von ähnlichem sozioökonomischem Status und ähnlicher Kultur sich häufig in bestimmten Wohngegenden konzentrieren, führt dazu, dass auch die Bildungseinrichtungen ein Abbild des Wohnumfeldes sind. So wird in Westdeutschland ein Drittel der Kinder mit nicht-deutscher Familiensprache in Einrichtungen betreut, in denen mindestens die Hälfte der Kinder ebenfalls zu Hause nicht Deutsch sprechen (Bildungsbericht 2012). Wie bereits bei den Grundschulen diskutiert, könnte es demnach auch in Kindergärten ratsam sein, für eine größere Durchmischung von Kindern aus verschiedenen Vierteln und Milieus zu sorgen (Schneeweis 2013). Allerdings steht, soweit ich sehe, der Beweis noch aus, dass eine höhere Dichte von Kindern aus nicht-deutschsprachigen Elternhäusern im Kindergarten tatsächlich die Sprach- und Lernfähigkeit beeinträchtigt.

Zu erwähnen ist hier noch eine Form der frühen Sprachförderung, die nicht institutionalisiert geschieht: Das Vorlesen. Die Stiftung Lesen veröffentlicht mit mehreren Partnern jährlich die Vorlesestudie. Im vergangenen Jahr war einer der Befunde, dass Eltern mit Migrationshintergrund ihren 2 bis 8 Jahren alten Kindern im Durchschnitt seltener vorlesen als Eltern ohne Migrationshintergrund. Dies gilt aber vor allem für Eltern, die selbst eine geringe Bildung haben. Unter den Eltern mit mittlerem Bildungsstand hingegen lesen diejenigen mit Migrationshintergrund etwas mehr vor. Dieser Befund unterstreicht zum Einen, dass Probleme im Bildungssystem weniger durch den Migrations- als durch den sozioökonomischen Hintergrund entstehen, und illustriert zum Anderen den ausgeprägten Integrations- und Bildungswillen vieler Migranten, die durchaus auch ohne staatliche Hilfe etwas für die Bildungschancen ihrer Kinder tun. Zur hohen Bildungsaspiration von Migranten komme ich im Abschnitt 2.4.

2.3.2 Ganztagsschulen und zusätzliche Bildungsangebote

Bei einer Umfrage unter 614 Schülern, 507 Lehrern, 543 Eltern und 1361 weiteren Personen, die einen Bevölkerungsquerschnitt repräsentieren (Institut für Demoskopie Allensbach 2013), waren sich alle Befragten einig, dass das Elternhaus in großem Maße den Bildungserfolg bestimmt. Die weiteren Ergebnisse der Umfrage bestätigten dies: Während Gymnasiasten überdurchschnittlich häufig aus höheren sozialen Schichten stammen, und umgekehrt Kinder aus höheren Schichten häufiger aufs Gymnasium gehen, sind diese Anteile bei den Schülern aus sozial schwächeren Schichten jeweils kleiner. Ein interessanter Aspekt der Umfrage ist, dass die Eltern selbst einen messbaren Anteil an dieser Ungleichheit der Chancen haben: Eltern aus sozial schwachen Schichten helfen weniger bei den Hausaufgaben, üben weniger mit ihren Kindern für Arbeiten und Referate, besuchen seltener Elternabende, investieren weniger Geld in die Bildung ihrer Kinder, und interessieren sich allgemein weniger für den Schulerfolg ihrer Kinder als Eltern aus oberen Schichten. Dementsprechend sehen Eltern ebenso wie Lehrer weniger die nackte ökonomische Lage an sich als bestimmenden Faktor für den Schulerfolg, und übrigens auch nicht so sehr die individuelle Begabung, als vielmehr Erziehung, Anteilnahme und Vorbild durch die Eltern.

Migranten profitieren daher in der Sekundarstufe I stärker als Deutsche von Angeboten wie Hausaufgabenhilfe im Rahmen einer Ganztagsschule (Klieme et al. 2010). Auch ihre sprachliche Ausdrucksfähigkeit ist besser, wenn sie eine Ganztags- statt einer Halbtagsschule besuchen, während es bei Schülern ohne Migrationshintergrund keinen Unterschied gibt (Reinders et al. 2011, S. 94).

Wie ist dann die Teilnahme von Schülern mit Migrationshintergrund an Ganztagsschulen und Angeboten zur Nachmittagsbetreuung? Im Allgemeinen besuchen rund 64% der Fünfzehnjährigen eine Ganztagsschule, wobei die Unterschiede nach sozioökonomischem Status gering sind (PISA 2009, s. a. Bildungsbericht 2012). Im Grundschulalter nahmen im Schuljahr 2009/10 mehr Kinder mit als ohne Migrationshintergrund (40% zu 35%) eine Nachmittagsbetreuung in Anspruch (Stürzer 2013). Dabei verteilen sich die Kinder allerdings sehr unterschiedlich auf die verschiedenen Lernangebote. In Grundschulen nahmen 2009 36,5% der Kinder mit, aber nur 23,5% der Kinder ohne Migrationshintergrund an fachbezogenen Förderangeboten teil. Hausaufgabenbetreuung (40,5% zu 41,3%) und fächerübergreifende Arbeitsgemeinschaften (70,6% zu 80,8%) wurden dagegen von Kindern mit Migrationshintergrund jeweils weniger wahrgenommen als von solchen deutscher Herkunft (Stürzer 2013). In der Sekundarstufe I verschoben sich die Anteile etwas. Nun war der Besuch von Förderunterricht und Hausaufgabenhilfe bei beiden Gruppen nahezu identisch, während bei den fächerübergreifenden Projekten die Kinder ohne Migrationshintergrund (67,1%) weiterhin deutlich vor den Einwandererkindern (59,1%) lagen. Regressionsanalysen zeigen, dass sowohl für die Neigung zu fachspezifischer Förderung als auch für das relative Desinteresse an fachübergreifenden Angeboten die Faktoren sozioökonomische Situation und Migrationshintergrund beide eine Rolle spielen (Stürzer 2013).

Interessant ist auch ein Vergleich der Motivationen dafür, ein Grundschulkind in den Hort zu schicken (Stürzer 2013). Deutsche Eltern begründen diese Entscheidung vorwiegend mit ihrer Berufstätigkeit (84%, Mehrfachnennungen möglich), fast doppelt so oft wie Eltern türkischer Herkunft (45%). Für diese stehen dagegen pädagogische Aspekte im Vordergrund; sie legen Wert auf die Hausaufgabenbetreuung (90%), und finden, das Kind habe dort „mehr Lernmöglichkeiten als in der Familie“ (73%) und lerne „dort Disziplin“ (42%) – Aspekte, die für deutsche Eltern eine weitaus geringere Rolle spielen (Hausaufgaben: 49%, Lernmöglichkeiten: 32%, Disziplin: 19%).

Zusammengefasst nehmen Schüler mit Migrationshintergrund also etwas häufiger an Nachmittagsangeboten teil, dabei insbesondere an solchen, welche sich auf eine Verbesserung der schulischen Leistungen richten, und werden von ihren Eltern auch gezielt dazu angehalten. Womit wir nun, wie in diesem Teil der Arbeit schon mehrfach angekündigt, zu Phänomen der hohen Bildungsaspiration bei Migranten kommen.

2.4 Das „Paradox der Bildungsaspiration"

Mit „Bildungsaspiration" bezeichnet man in der Soziologie die Höhe des angestrebten oder erwarteten Bildungsabschlusses (Becker 2010). Verschiedene Studien haben gezeigt, dass die Bildungsaspiration als Variable einen hohen Erklärungswert hat: Einerseits korreliert sie hoch mit dem sozioökonomischen Status, andererseits sagt sie das tatsächlich erreichte Ausbildungsniveau gut vorher. Trotz ihres im Allgemeinen geringeren sozioökonomischen Status' haben Migranten in vielen Ländern eine durchschnittlich höhere Bildungsaspiration als eingesessene Mitglieder der Gesellschaft. Das gilt auch in Deutschland. In einer Untersuchung an allen Drittklässlern, die in den Schuljahren 2004/05 und 2005/06 die 146 Kölner Grundschulen besuchten, zeigte sich: Nach Korrektur gegen schulische Leistungen und sozialen Hintergrund hatten türkischstämmige Schüler gegenüber ihren deutschen Mitschülern eine deutlich höhere Wahrscheinlichkeit, später auf die Realschule oder das Gymnasium zu gehen (Kristen & Dollmann 2009). Deutschlandweit bestätigt eine Auswertung der TIMSS-Studie von 2007 diesen Befund (Gresch et al. 2012). Diese höhere Bildungsaspiration ist auch am Ende der Gymnasiallaufbahn zu finden: Nach dem Abitur nahmen türkische Jugendliche in den 90er Jahren signifikant häufiger ein Universitätsstudium auf als ihre deutschen Altersgenossen (Kristen et al. 2008). Dieser Unterschied war besonders stark nach Korrektur für Abiturnoten und sozialen Hintergrund: Dann war es für türkischstämmige Abiturienten ungefähr 3,4 mal so wahrscheinlich, ein Studium aufzunehmen, wie für deutsche.

Auch in der Schweiz wird insbesondere Türken eine „bekannt hohe Bildungsmotivation" unterstellt (Becker et al. 2011, S. 11). Deutlicher noch als im tatsächlichen Gymnasienbesuch zeigt sich das in den Wünschen der Eltern: In der PISA-Studie 2000 erklärten nur 38% der befragten deutschen Eltern, dass ihr Kind später studieren solle. Bei den Eltern russischer Herkunft waren es 40%, bei jenen türkischer Herkunft sogar 60%. Frappant ist, dass dieser Anteil bei den türkischen Eltern mit 45% selbst dann noch hoch ist, wenn das Kind gerade auf die Hauptschule geht, während in diesem Fall nur 15% der russischen und 3,6% der deutschen Eltern auf ein Studium hoffen. Je weiter die PISA-Daten für verschiedene Einflussfaktoren korrigiert werden, desto größer wird die Diskrepanz. So ist die Bildungsaspiration der türkischen Eltern sogar über 45 mal so hoch wie die der deutschen, wenn sie aus sozial schwachen Schichten kommen und das Kind schlecht lesen kann.

Woher kommt diese hohe und oft unrealistische Bildungsaspiration? Becker (2010) diskutiert mehrere mögliche Erklärungen. Zunächst einmal sind zumindest freiwillige Immigranten – im Gegensatz zu unfreiwilligen – von einem großen Optimismus motiviert („immigrant optimism"). Sie haben ein in ihrer Sicht schlechteres Land verlassen, um in ein besseres zu gelangen und ein besseres Leben zu erreichen. Daher sind sie zu vorübergehenden Opfern bereit, für die sie später umso größeren Erfolg erwarten. Bildung sehen sie als besten Weg, um in der Gastgesellschaft nach oben zu kommen.

Während es für diese Erklärung bislang allerdings kaum Belege gibt, entspricht die Vermutung, dass die überhöhte Bildungsaspiration von Migranten auf einen Mangel an Informationen über die Anforderungen des Bildungssystems zurückzuführen sind, nicht nur empirischen Studien, sondern auch meiner Beobachtung. Migranten wünschen sich zwar einen hohen Bildungsabschluss, haben aber häufig keinerlei konkrete Vorstellung davon, welche Fähigkeiten dazu nötig sind, oder welcher Weg dahin führen könnte. Ein Begriff wie „Studium" ist für sie kein konkretes Ziel, sondern eine abstrakte Chiffre für ein besseres Leben, ähnlich wie „Lottogewinn" oder „Superstar". So kommt es, dass das Traumziel zwar erstrebenswert scheint, nicht aber der Weg dorthin. In einer Untersuchung von 40 „Extremaufsteigern", also Menschen, die aus der Unter- oder unteren Mittelschicht in Führungspositionen aufgestiegen sind, hat El-Mafaalani (2014) beobachtet, dass Menschen aus sozioökonomisch schwachen Familien in einer Situation allgemeiner Knappheit aufwachsen und daher jede Unternehmung danach beurteilen, was sie unmittelbar bringt. Da aber schulische Bildung, insbesondere die im Gymnasium geforderten musischen und sprachlichen Fächer, vordergründig und auf längere Sicht nichts „bringen", können sich Menschen aus der Unterschicht nur schwer motivieren, sich durch diese Durststrecke zum Studium und schließlich zum akademischen Abschluss emporzukämpfen.

Weiterhin könnte man laut Becker (2010) annehmen, dass Migranten durch höhere Bildung die wahrgenommene Diskriminierung kompensieren wollen, oder dass sie durch die enge Einbindung in ihre soziale Gruppe sogenanntes soziales Kapital haben, das eine höhere Bildungsaspiration fördert. Letzterem steht allerdings das Phänomen gegenüber, das im Englischen mit der Metapher des „crab bucket" (Pratchett 2009) bezeichnet wird: Krebse in einem Eimer kann man demnach ohne Deckel lassen, weil jeder Krebs, der zu entkommen versucht, von anderen zurückgezogen wird, die sich an ihm festhalten. Eine solche Neigung, Emporkömmlinge aus Neid oder Unverständnis zu behindern, habe ich unter dem Mitgliedern bildungsferner Schichten – Ausländern ebenso wie Deutschen – selbst beobachten können.

Die Ursachen für die hohe Bildungsaspiration von Migranten sind also noch unklar. Während ich die Erklärung des Informationsmangels favorisiere, stellt Becker (2010) fest, dass es bislang noch zu keiner Hypothese belastbare empirische Befunde gibt. Es bleibt aber die Tatsache, dass Migranten – aus welchen Gründen auch immer – mehr Wert auf Bildung legen als Einheimische.

2.5 Zwischenfazit

Ich habe in diesem Abschnitt gezeigt, dass Kinder und Jugendliche mit Migrationshintergrund auf allen Stufen des Bildungssystems benachteiligt sind: Ihre Leistungen sind schlechter, ihre Repräsentanz an höheren Schulformen geringer, und sie bleiben häufiger ohne Abschluss. Zugleich sollte aber auch deutlich geworden sein, dass sich in fast jeder Hinsicht in den vergangenen ein bis zwei Jahrzehnten die Kluft zwischen Schülern mit und ohne Migrationshintergrund verringert hat. Außerdem lassen sich die Leistungsdefizite der Schüler mit nichtdeutscher Herkunft zum größten Teil durch ihre Zugehörigkeit zu wirtschaftlichen schwachen und bildungsfernen Schichten aufklären. Sie unterscheiden sich also nicht oder kaum von urdeutschen Schülern mit demselben sozialen Hintergrund. Es kann aber keine Rede davon sein, dass Kinder und Jugendliche mit Migrationshintergrund nicht motiviert wären, im Bildungssystem zu reüssieren. Im Gegenteil gibt es nach Abzug der Effekte von schulischer Leistung und sozioökonomischem Hintergrund eine höhere Bildungsaspiration bei Migranten.

In der Bildungssoziologie wird daher die Kulturdifferenzthese zur Erklärung der geringeren schulischen Leistungen von Migranten mittlerweile verworfen: Die Annahme, dass ethnische oder kulturelle Eigenheiten von Menschen mit Migrationshintergrund diese an erfolgreicher Bildungsteilnahme hinderten (eine Kernthese von Sarrazin (2010)), dient demnach einzig der Konstruktion einer kulturellen Abgrenzung und Überlegenheit, hält aber empirischer Überprüfung nicht stand (Beicht & Granato 2009, Granato 2012).

Wahrscheinlicher ist, dass institutionelle Selektionsmechanismen eine Rolle spielen, dass also Kinder und Jugendliche mit Migrationshintergrund sich an schlechteren Schulen konzentrieren, bei gleichen Leistungen schlechter benotet und seltener fürs Gymnasium empfohlen werden, an den weniger anspruchsvollen weiterführenden Schulen weniger lernen, und schließlich auch in einer Ausbildung z.B. aufgrund von Stereotypen oder einer angestrebten ethnischen Homogeneität im Betrieb aktiv benachteiligt werden (Beicht & Granato 2009).

Es gibt also vermutlich eine mehr oder minder subtile Diskriminierung von Kindern und Jugendlichen mit Migrationshintergrund. Dass sie diese wahrnehmen, könnte, wie im vorangegangenen Abschnitt bereits diskutiert, ein Grund für die höhere Bildungsaspiration von Migranten sein: Durch ihre Bildungsbemühungen kämpfen sie möglicherweise gegen die wahrgenommene Diskriminierung an. Ich werde daher im folgenden Teil der Arbeit zunächst darlegen, wie die gesellschaftliche Stigmatisierung von Andersartigen funktioniert und was sie für die Betroffenen bedeutet, ehe ich anschließend anhand von Befragungen untersuche, wie individuelle Migranten in Deutschland mit dieser Stigmatisierung umgehen, und welche Rolle dabei Bildung für sie spielt.

3. Integrationswille: Fremdsein als Stigma

Menschen mit Migrationshintergrund stehen in Deutschland wirtschaftlich überwiegend schlechter da als Einheimische, und sie erfahren im Bildungssystem eine Diskriminierung, die geeignet ist, diese Schlechterstellung zu erhalten. Sie sind also auch vierzig Jahre nach dem Anwerbestop noch eine diskriminierte Randgruppe der Gesellschaft. Im Gegensatz zur Grundannahme der „Sarrazin-Debatte“ gehe ich aber davon aus, dass jeder Mensch den Wunsch hat, an der Gesellschaft teilzuhaben, in der er lebt, und von seinem Umfeld akzeptiert zu werden. Es ist nicht erstrebenswert, als andersartig behandelt zu werden. In soziologischer Terminologie trägt der Migrant ein „Stigma“ (Goffman 1967), und das hat vorwiegend negative Folgen

3.1 Das Stigma und seine Folgen

Der Begriff des Stigmas wurde von Erving Goffman für die soziologische Forschung definiert. Er bezeichnet damit die Eigenschaft eines Individuums, die es „von anderen in der Personenkategorie, die für [es] zur Verfügung steht, unterscheidet“ (Goffman 1967, S. 10). Das Stigma erzeugt damit eine Diskrepanz zwischen dem, was Goffman die „virtuale“, und dem, was er die „aktuale soziale Identität“ nennt. Dabei ist die virtuale soziale Identität die Summe der Eigenschaften, die einem Individuum – oft unbewusst – aufgrund seiner Zugehörigkeit zu einer bestimmten Kategorie zugeschrieben, und die von ihm erwartet werden. Die Eigenschaften, die dann tatsächlich beobachtet werden, konstituieren demgegenüber die aktuale soziale Identität. Eine tatsächlich beobachtete, „aktuale“ Eigenschaft, die nicht zur virtualen sozialen Identität passt, ist demnach ein Stigma. Oder, noch einmal in Goffmans Worten (1967, S. 13): „Es hat ein Stigma, das heißt, es ist in unerwünschter Weise anders, als wir es antizipiert hatten.“

Stigmata können von sehr unterschiedlicher Art sein. Goffman unterscheidet „Abscheulichkeiten des Körpers“, „individuelle Charakterfehler“, worunter auch Sucht, Homosexualität, Arbeitslosigkeit und Geisteskrankheit fallen, und schließlich „phylogenetische Stigmata von Rasse, Nation und Religion“. Diese Einteilung ist offensichtlich nicht zwingend. Falk (2001) macht nur eine Zweiteilung, die sich nicht ohne Weiteres mit Goffmans Einteilung zur Deckung bringen lässt: Er trennt zwischen existentiellem (*existential*) Stigma, welches ein Individuum allein durch seine Existenz trägt und für welches es nichts kann, wie Hautfarbe, Herkunft, Homosexualität oder Behinderung, und erworbenem (*achieved*) Stigma, welches das Individuum seinem bewussten Verhalten verdankt, etwa durch kriminelle Handlungen oder überragenden gesellschaftlichen Erfolg. Beide zählen aber die geographische Herkunft eindeutig unter die stigmatisierenden Merkmale.

Wichtig für die folgenden Betrachtungen sind noch zwei weitere gesellschaftliche Gruppen, die Goffman benennt: Die Nicht-Stigma-Träger bezeichnet er als die *Normalen*. Diejenigen unter ihnen, „deren besondere Situation sie intim vertraut und mitfühlend mit dem geheimen Leben der Stigmatisierten gemacht hat und denen es geschieht, dass ihnen ein Maß von Akzeptierung, eine Art von Ehrenmitgliedschaft im Clan zugestanden wird“ (Goffman 1967, S. 40), nennt er die „Weisen“.

Zu einer stigmatisierten Gruppe zu gehören, bedeutet für die Betroffenen nicht nur eine soziologische Zuschreibung, sondern eine existentielle Einschränkung ihrer freien Lebensgestaltung und oft eine schwere psychische Belastung. Das Stigma beeinflusst alle sozialen Kontakte, es führt zur Ungleichbehandlung durch nahezu alle Mitmenschen, damit oft zu schlechterem Zugang zu gesellschaftlichen Ressourcen und gesellschaftlicher Teilhabe. Dies kann auf die Gesundheit schlagen, psychische Erkrankungen und eine geringere Lebenserwartung zur Folge haben. Zum Beispiel interviewte Koken (2009) 30 Prostituierte in den USA, die ihre Dienste über das Internet anboten. Nach ihren Befunden beeinträchtigt das mit dieser Tätigkeit verbundene Stigma die geistige Gesundheit der Frauen; insbesondere hatten diejenigen unter ihnen, die keine positive Bewältigungsstrategie gefunden hatten, ein erhöhtes Risiko für einen Burnout.

3.2 Strategien zu Stigmabewältigung

Ein Stigma zu tragen bedeutet, wie oben dargelegt, eine psychische und gesundheitliche Belastung. Es kann als Stressor angesehen werden, der Bewältigungsstrategien auf allen organismischen Ebenen herausfordert (Miller & Kaiser 2001). Diese Strategien reichen von körperlichen Antworten wie der physiologischen Stressantwort und emotionalen Ausdrücken über kognitive Verarbeitung wie Selbstablenkung oder kognitive Restrukturierung bis hin zu Versuchen der Problemlösung durch gemeinschaftliches Vorgehen. Nicht die physiologischen oder kurzfristigen psychologischen, sondern die langfristigen und sozialen Strategien sind für die vorliegende Arbeit interessant.

Goffman (1967) behandelt v.a. die Strategie, die er „Täuschen“ nennt: Also den Versuch, das stigmatisierte Merkmal vor Anderen zu verbergen. Dies geht offensichtlich mit einigen abweichenden Merkmalen besser als mit anderen, und mit vielen ist es – wenigstens im direkten Kontakt – unmöglich. Es ist relativ leicht, über einen dunklen Punkt in der Vergangenheit oder abweichende sexuelle Vorlieben zu täuschen; es ist schwieriger, aber möglich, wie Goffman mit einigen Anekdoten demonstriert, über eine Seh- oder Hörschwäche zu täuschen, aber es ist unmöglich, über Hautfarbe bzw. Rasse oder andere abweichende körperliche Merkmale zu täuschen. Letzteres trifft also überwiegend auf Ausländer in Deutschland zu. Trotzdem wird es gelegentlich versucht. Wallraff (1985) erzählt den Fall eines jungen türkischen Kollegen, der dank blondierter Haare und perfekten Deutschs bei jungen deutschen Frauen, die er kennenlernte, als Deutscher durchging – und dann regelmäßig abserviert wurde, wenn er seinen Namen nannte. Kurzfristiges, meist unbeabsichtigtes Täuschen ist möglich, solange sich der Kontakt nur telephonisch oder schriftlich abspielt. Da ich Deutsch akzentfrei spreche und einen deutschen Nachnamen trage, erlebe ich es des Öfteren, dass Personen, die mich am Telephon kennengelernt haben, bei der ersten persönlichen Begegnung entgeistert fragen: „*Sie* sind Frau Lehmann?“ – Ganz anders liegen die Verhältnisse bei Ausländern aus Mittel- und Nordeuropa, die äußerlich meist nicht auffallen. Sie werden allerdings auch sonst von der deutschen Bevölkerung anders eingeordnet und weniger stigmatisiert, vermutlich, weil sie weniger als andersartig und auch weniger als „unterlegen“ wahrgenommen werden.

Für die meisten, und gerade für die am stärksten stigmatisierten Ausländer in Deutschland fällt das Täuschen als Strategie mithin aus. Sie müssen andere Strategien bemühen, die von Goffman (1967) meist nur nebensächlich oder gar nicht erwähnt werden. Im Folgenden will ich diese Strategien als grundsätzliche Möglichkeiten – also noch ohne Bezug zu Ausländern in Deutschland – darstellen, um damit einen theoretischen Hintergrund zu liefern für die praktischen Integrationsbemühungen, die in der vorliegenden Arbeit untersucht werden sollen.

3.2.1 Bewältigungsstrategien I: Entstigmatisierung

Die anscheinend meistdiskutierte Strategie im Umgang mit einem Stigma besteht darin, die negativen Einstellungen der Normalen gegenüber einer stigmatisierten Gruppe zu schwächen – ein Prozess oder eine Absicht, die als „Entstigmatisierung“ bezeichnet wird. Da Stigmatisierung ein Prozess ist, der von den „Normalen“ in einer Gesellschaft ausgeht und zur Ausgrenzung der Stigmatisierten führt, richten sich Bemühungen zur Entstigmatisierung an die „normale“ Mehrheitsgesellschaft.

Am Beispiel von HIV-Erkrankten benennen Campbell und Kolleginnen (2005) drei Methoden zur Entstigmatisierung: Erstens sollten die Normalen sachlich aufgeklärt werden, um Irrtümer über das stigmatisierte Merkmal – in diesem Fall z.B. die Ansteckungsgefahr durch HIV – auszuräumen. Da sachliche Information allein aber meist nicht dazu führe, dass ein Stigma reduziert werde, müssten diese Bemühungen zweitens durch gesetzliche Maßnahmen gestützt werden, die Diskriminierung strafbar machen. Auch dies könne aber die Verankerung des Stigmas in individueller Psyche und dem persönlichen Umgang in kleinen sozialen Einheiten nicht lösen, daher sei es als Drittes nötig, die Mitglieder lokaler Gemeinschaften an der Entstigmatisierung zu beteiligen.

Der Umgang mit Behinderten in den westlichen Gesellschaften ist ein Beispiel für eine intensiv betriebene und überwiegend erfolgreiche Entstigmatisierung. Noch bis in die jüngere Vergangenheit wurden auch hier, wie heute noch in vielen außereuropäischen Gesellschaften, Behinderte v.a. als Last und minderwertige

Menschen betrachtet. In Deutschland kulminierte dies auf schreckliche Weise im Euthanasieprogramm des Dritten Reichs.

In den westlichen Gesellschaften hat sich die gesellschaftliche Haltung seither stark geändert. Wie von Campbell et al. (2005) gefordert, haben dazu Maßnahmen auf verschiedenen Ebenen beigetragen. Von staatlicher Seite sorgen Antidiskriminierungsgesetze und Bauvorschriften dafür, dass Politik, Verwaltung und Öffentlichkeit Behinderte als gleichwertige, hilfsbedürftige Menschen anerkennen, dass sie bei gleicher Qualifikation bevorzugt eingestellt werden, und dass öffentliche Gebäude und Einrichtungen möglichst barrierefrei gestaltet werden. Damit einhergegangen ist eine weitgehend (wenn auch nicht vollständig) geänderte Einstellung in der Gesellschaft, die sich u.a. in einem vorsichtigeren Sprachgebrauch niederschlägt. Zugleich sorgt auch der Umstand, dass Behinderte heute in großem Umfang Anspruch auf medizinische und professionelle Hilfe haben, dafür, ihre Stellung im persönlichen Umgang zu entspannen.

Dass eine Entstigmatisierung einer diskriminierten Minderheit in Angriff genommen wird, setzt konzentrierte und hartnäckige Lobbyarbeit voraus. Diese kann von zwei Gruppen ausgehen: Zum einen von den Stigmatisierten selbst, zum anderen von den „Weisen" – meistens wohl von beiden gemeinsam. Möglich ist das nur, wenn die Stigmaträger und ihre Unterstützer in einer mehr oder minder institutionalisierten Form organisiert sind – wenn sie also mindestens über ein enges Netzwerk, besser über einen Verein oder eine Dachorganisation verfügen. Nur eine solche Einrichtung kann das Maß an Professionalität bereitstellen, das nötig ist, um über längere Zeit konzentriert auf die öffentliche Meinung einzuwirken.

Menschen mit Migrationshintergrund werden in Deutschland durch das Antidiskriminierungsgesetz geschützt und haben eine Reihe prominenter Fürsprecher. Wenn neue Formen der Diskriminierung bekannt werden – wie etwa jüngst auf dem Lehrstellenmarkt (Schneider et al. 2014) –, werden diese angeprangert, und es werden Gesetzesänderungen angeregt, also die ersten beiden der von Campbell und Kollegen (2005) genannten Maßnahmen ergriffen. Trotzdem bleibt der Erfolg solcher Bemühungen begrenzt. Zum Einen gibt es gesellschaftliche Strömungen, die den Entstigmatisierungsbemühungen gerade entgegenwirken: Es ist politisch gelegentlich durchaus opportun, zu behaupten, es sei politisch nicht opportun, etwas gegen „Ausländer" zu sagen. Und zum Anderen steht bei Menschen mit Migrationshintergrund, anders als bei Minderheiten wie Homosexuellen oder Behinderten, die Annahme im Raum, sie könnten selbst etwas gegen ihre Ausgrenzung tun – könnten „sich integrieren". Dadurch reduziert sich das Entgegenkommen der Mehrheit.

3.2.2 Bewältigungsstrategien II: Umwertung

Da Stigmatisierung von der gesellschaftlichen Mehrheit ausgeht, haben die Stigmatisierten selbst auf den ersten Blick wenig Einfluss auf ihren Status. Sie *werden* stigmatisiert. Trotzdem kann es eine erfolgreiche Strategie sein, wenn die Mitglieder einer stigmatisierten Gruppe selbst und direkt etwas gegen diesen Status unternehmen, und zwar nicht, indem sie auf eine Änderung in der Haltung der Mehrheit dringen – wie oben besprochen -, sondern indem sie ihre eigene Haltung und ihr eigenes Auftreten ändern. Sie können dies u.U. erreichen, indem sie ihre eigene Wertung des stigmatisierten Merkmals ändern. Was als negativ, hässlich, peinlich galt, wird von den Stigmatisierten umgewertet zu etwas Besonderem, Elitärem, Schönen. Goffman (1967) erwähnt diese Möglichkeit (S. 19/20, S. 142), allerdings eher als einen Sonderfall, in dem er „Eigensinn" und „Militanz" erkennt. Er vermutet, dass Individuen, die diesen Weg gehen, sich von einem normalen Leben noch weiter entfernen, damit aber einer späteren Generation von Ihresgleichen nutzen können.

Solches Vorgehen führt offensichtlich zunächst zu einer veränderten Einstellung bei der stigmatisierten Gruppe. Erst später, und nicht in jedem Fall, kann dadurch auch die Einstellung der Mehrheit geändert werden. Ein Beispiel für ersteres – für eine erfolgreiche Selbst-Aufwertung einer stigmatisierten Minderheit – ist die Black Power- Bewegung in den USA der 1960er Jahre, die mit dem berühmt gewordenen Slogan „Black is beautiful" gegen das negative Selbstbild der Schwarzen ankämpfte. Obwohl die Black Power-Bewegung für das Selbstbewusstsein von Schwarzen in den USA viel bewirkt hat, lassen sich allerdings die Auswirkungen auf eine allgemeine Entstigmatisierung der dunklen Hautfarbe nicht analytisch von den gleichzeitigen Eingriffen der Gesetzgebung und dem durch Aufklärung erreichten Bewusstseinswandel trennen. Überdies wäre es übereilt und unangemessen optimistisch, den Rassismus in den USA heute für überwunden zu halten. Ein wenig klarer ist der Erfolg ähnlicher Bemühungen, die eigene Besonderheit aufzuwerten, in einem anderen Beispiel zu sehen: den Homosexuellen.

Hier ging die veränderte Selbstdarstellung der gesetzlichen Gleichstellung homosexueller Partnerschaften, die gerade wieder in der Diskussion und noch nicht abgeschlossen ist, deutlich voraus. Während noch bis vor wenigen Jahrzehnten Homosexuelle stark diskriminiert wurden und daher ihre Neigung ängstlich geheim hielten, begannen sie ungefähr in den 1980er Jahren, sichtbar und, wie Goffman (1967) es nennt, gelegentlich auch aufdringlich aufzutreten, also ihre Besonderheit sehr deutlich durch Kleidung und Auftreten herauszustellen. Ein Phänomen, das dazu beitrug, waren und sind die Christopher Street Days bzw. Gay Pride – Umzüge, die in Deutschland seit 1978 stattfinden. In der Folge wurde Homosexualität umgewertet zu einer Eigenschaft, die nicht nur normal ist, sondern auch, durch die Assoziation mit städtischer Intellektualität und Kreativität, positiv besetzt wurde. Dass ein Homosexueller Außenminister und Vizekanzler werden konnte und die Talkmasterin Anne Will es ebenfalls nicht nötig findet, ihre Homosexualität zu verhehlen, zeigt, dass diese Eigenschaft mittlerweile gesellschaftlich weitgehend akzeptiert ist – wenn sie auch im Familien- und Freundeskreis weiterhin auf Ablehnung stoßen kann.

In jedem Fall setzt diese Strategie einen starken Zusammenhalt innerhalb der stigmatisierten Gruppe voraus. Außerdem ist sie nur denkbar, wenn das Merkmal, um das es geht, weitgehend unabänderlich ist und mithin keine Anpassung erwünscht ist. Beides ist bei der sehr heterogenen Gruppe von Migranten in Deutschland nicht der Fall. Auch wenn sie sich nicht vollständig assimilieren wollen, wünschen die meisten doch, als „ganz normale Deutsche" zu leben. Kulturelle Merkmale, welche sie von der Mehrheit bleibend unterscheiden, sind eher religiös motiviert und nicht allen Migranten gemein.

3.2.3 Bewältigungsstrategien III: Anpassung

Diejenige Strategie, die von den Normalen ebenso wie, oft, von den Stigmatisierten am ehesten für wünschenswert gehalten wird, besteht darin, das Stigma verschwinden zu lassen und normal zu werden. Offensichtlich ist das nicht in allen Fällen möglich, aber dort, wo es möglich ist oder scheint, äußern sich Vertreter der Normalen immer wieder in dem Sinne, dass die Stigmatisierten ihren „Fehler" überwinden sollten und sonst selbst schuld seien. Ein Beispiel dafür sind die immer wieder gemachten Versuche, Homosexuelle zu „heilen" oder umzuerziehen.

Schon Goffman (1967) erwähnt als Beispiel für diese Strategie die Anwendung von Hautbleichungsmittel durch Schwarze – ein Vorgehen, das Michael Jackson, unterstützt durch Schönheitsoperationen, bis zum Extrem getrieben hat. Weniger drastische Formen nimmt diese Strategie an, wenn fettleibige Personen versuchen abzunehmen – eine Strategie, die aufgrund des „Jojo-Effekts" meistens scheitert und dann den Selbsthass der Übergewichtigen nur verstärkt (Poelke 2009).

Eine Gemeinsamkeit bei diesen Beispielen ist, dass die Anpassung von den Normalen immer für leichter gehalten wird, als sie ist. Oft wird verlangt, Dicke sollten doch „einfach" abnehmen, Raucher „einfach" aufhören oder Depressive sich „einfach" zusammenreißen – und Ausländer sich „einfach integrieren". Die Normalen übersehen dabei, dass die Stigmaträger auch ohne solche Aufforderungen bereits unter großem Leidensdruck stehen und sich längst angepasst hätten, wenn es so leicht wäre.

3.2.4 Bewältigungsstrategien IV: Flucht

Wenn alle anderen Strategien scheitern und der Leidensdruck zu groß wird, bleibt oft als letzte Möglichkeit nur, die stigmatisierende Umgebung zu verlassen. Man kann diese Strategie auch als Scheitern der Stigmabewältigung sehen; trotzdem muss sie hier mit betrachtet werden, zumal es sehr unterschiedliche Dimensionen von Flucht gibt. Es fällt darunter nicht nur die physische Bewegung an einen anderen Wohnort, sondern jede Art, den Kontakt zu Normalen zu vermeiden, z.B. auch durch soziale Selbstorganisation, wie sie u.a. bei Übergewichtigen beobachtet wird (Poelke 2009). Während solche Vereinzelung für Übergewichtige, die sich und ihr Stigma selbst sehr negativ bewerten und daher keinen Trost bei Ihresgleichen (die sie ja ebenso negativ sehen) finden (Poelke 2009), eine nahe liegende Möglichkeit ist, können Träger anderer, von ihnen selbst positiv oder neutral bewerteter Stigmata es bevorzugen, soziale Kontakte auf Ihresgleichen zu beschränken und z.B. in Kommunen von Ihresgleichen zu wohnen. Auch dies stellt eine Flucht vor der belastenden Gesellschaft von Normalen dar.

Die tatsächliche körperliche Flucht an einen anderen Wohnort stellt daher nur die sichtbarste Form dieser Bewältigungsstrategie dar. Sie wird vermutlich erst gewählt, wenn die schwächeren Formen keine Option sind, eventuell, weil der Selbsthass zu schwach ist für eine Selbstisolation (die ja auch eine Selbstbestrafung ist), und weil ein dichtes Netzwerk von Gleichartigen nicht zur Verfügung steht. Oder weil – im extremen Fall – die Aggression der normalen Mehrheit alle anderen Optionen ausschließt, wie im Falle der Verfolgung ethnischer oder religiöser Minderheiten.

Wie oben gesagt, stellt die Flucht eher ein Scheitern der Stigmabewältigung dar, und sie ändert darum auch nicht notwendigerweise die Identität als Stigmatisierter. Der Flüchtling trägt seine Herkunftsgesellschaft oft weiterhin als Wertreferenz in sich. Von seinem Stigma abgesehen, ist er in allen anderen Punkten ja genauso wie die Normalen und teilt deren Kultur. Es ist daher möglich, dass er sich selbst auch dann noch als andersartig wahrnimmt, wenn er eine Umgebung erreicht hat, in der dies nicht von außen bestätigt wird.

4. Individuelle Integrationsstrategien

4.1 Zur Entstehung der Interviews

Die im Folgenden wiedergegebenen Interviews habe ich im Juli 2013 teils im direkten Gespräch, teils telephonisch geführt. Die Interviewpartner habe ich zunächst im direkten Bekanntenkreis gesucht; weitere Kontakte ergaben sich dann durch die Vermittlung der zuerst Befragten. Es handelt sich also mitnichten um eine zufällige, repräsentative Stichprobe. Dies war auch gar nicht beabsichtigt, denn ich habe meine Gesprächspartner gezielt danach ausgewählt, dass sie nach meinem Eindruck eine der beiden hier behandelten Entstigmatisierungsstrategien verfolgen: Dass sie entweder großen Wert auf ihren eigenen Bildungserfolg oder den ihrer Kinder legen, oder es aus eigener Kraft zu deutlichem Wohlstand gebracht haben.

Dabei legte ich die folgenden Kriterien an, nach denen sich Gesprächspartner für eine der beiden Kategorien qualifizierten:

„Reich" ist für mich, wer über einen Besitz von mehreren Millionen Euro verfügt. Dazu habe ich allerdings natürlich keine Steuerbescheide eingesehen, sondern mich auf den Habitus, die Einschätzung Dritter und grobe Selbstauskünfte zu den laufenden Geschäften verlassen. Alle reichen Migranten, die ich interviewt habe, und die meisten, von denen ich sonst weiß, haben ihren Wohlstand auf der Grundlage eines Dönerrestaurants aufgebaut. Wenn sie geschickt und mit einiger Selbstausbeutung betrieben werden, können solche Läden etliche Tausend Euro Gewinn im Monat abwerfen. Diesen haben alle reichen Gesprächspartner dann in weitere Unternehmungen gesteckt, häufig Immobiliengeschäfte in Deutschland und/oder der Türkei. Solcher geschäftlicher Erfolg ist nach meinem Eindruck nicht selten (wobei dies wahrscheinlich ein Wahrnehmungsbias ist). Zusätzlich zu den vier Interviewpartnern fallen mir sechs weitere kurdische Migranten in meinem Umfeld ein, die es auf diese oder ähnliche Weise zu Wohlstand gebracht haben.

Als „gebildet" gilt mir, wer über einen deutschen Hochschulabschluss verfügt und in einem akademischen Beruf arbeitet. In allen vorliegenden Fällen ist der erlernte Beruf auch der ausgeübte.

4.2 Überlegungen zur Methodik

Die Gespräche wurden in der Form teilstandardisierter Leitfadeninterviews geführt. Gegenüber anderen Methoden der Befragung schien mir diese Vorgehensweise einige Vorzüge zu haben, die sich im Nachhinein bestätigt haben: Eine streng standardisierte Fragebogenstudie hätte zwar den Vorteil geboten, sie vollständig quantifizieren zu können, hätte dafür aber erheblich größere Fallzahlen erfordert. Überdies hätte sie keinen Raum gelassen für die eigenen Beobachtungen und Akzentsetzungen der Befragten, die mir wichtig waren. Ich wollte etwas von den Integrationserfahrungen von Migranten erfahren und dokumentieren, was unmöglich gewesen wäre, wenn ich diese in ein vorgefertigtes Korsett gezwängt hätte.

Andererseits habe ich mich gegen ein rein qualitatives, ganz offenes Interview entschieden, um eine Vergleichsbasis für die beiden befragten Migrantengruppen zu schaffen. Indem ich allen Interviewten dieselben Fragen stellte, konnte ich die Antworten unmittelbar vergleichen und auch tabellarisch zusammenstellen. So erlaubt es die Teilstandardisierung, dem Gespräch eine Struktur zu geben und in den Antworten relativ leicht Muster zu erkennen. Ein möglicher Nachteil gegenüber einer offenen Interviewform ist, dass mir eventuell Gesichtspunkte verlorengegangen sind, an die ich bei der Vorbereitung nicht gedacht habe, die von den Gesprächspartnern aber vielleicht spontan geäußert worden wären. Ich halte das nicht für sehr wahrscheinlich, weil den Interviews sowohl meine eigene Integrationserfahrung als auch zahlreiche Gespräche mit Migranten vorangegangen sind. Aber bei der Erstellung der tabellarischen Übersicht musste ich rückblickend einsehen, dass es gut gewesen wäre, explizit danach zu fragen, wie die Migranten das Konzept der Integration bewerten, und für wie erfolgversprechend sie Integrationsbemühungen halten. Die Meisten äußerten sich spontan dazu, aber nicht alle, so dass es hier Lücken in der Vergleichstabelle gibt.

Konkret stellte ich in den Interviews die folgenden Fragen:

- Was bedeutet Reichtum für Sie?
- Wie fühlen Sie sich als reicher Immigrant? (Nur wenn zutreffend)
- Was muss man tun um sich zu integrieren? Welche Strategien gibt es?
- Was bedeutet für Sie Integration?
- Wozu ist Bildung gut?
- Sind Sie integriert?
- Was raten Sie Ihren Kindern?

Die Antworten protokollierte ich. Sie werden im Folgenden im Volltext dokumentiert, ehe ich im weiteren Verlauf des Abschnitts versuche, Muster und gemeinsame Aussagen zu entdecken. Alle Namen sind geändert.

4.3 Interviews mit türkisch- und kurdischstämmigen Migranten in Deutschland

4.3.1 Reiche Migranten

4.3.1.1 Mehmet

48 Jahre, seit 21 Jahren in Deutschland, Abitur in der Türkei, Ehefrau 46 Jahre
Millionär durch Im- und Export und Großhandel

Was beutet Reichtum für Sie?

Diese Materie macht das Leben einfacher. Du kannst alles kaufen was du möchtest. Es gibt keine Tür, die das Geld nicht öffnen kann. Auch wenn die Deutschen sagen: „Wir sind nicht korrupt“ – durch Geld geht alles. Meine Frau konnte kein Deutsch, trotzdem hat sie die deutsche Staatsangehörigkeit bekommen.

Wie fühlen Sie sich als reicher Immigrant?

Es kommt darauf an, wo du dich bewegst. Die Immigrantenkenner sind nett und höflich zu dir, die Nichtkenner sind missgönnerisch, skeptisch und gucken dich an, als wärst du ein Steuerhinterzieher. Auch wenn ich Arbeitgeber bin, schauen sie so, als ob ich vom Staat Geld bekommen würde. Mein Reichtum ist mein Schutzzaun.

Was muss man tun um sich zu integrieren? Welche Strategien gibt es?

Erstens musst du die Sprache perfekt beherrschen. Zweitens kommt es auf deine persönliche Einstellung an. Willst du mit Deutschen zu tun haben, musst du auf sie eingehen, sie sind ängstlich, misstrauisch, kalt und skeptisch. Du musst ihnen deine Kultur näher bringen und auch ihre Fragen kennen. Drittens, sehr wichtig ist auch die Bildung, je höher die Bildung, desto mehr Respekt und Anerkennung bekommst du. Viertens, Weltwissen ist auch sehr wichtig. Es reicht nicht, wenn du Sozialarbeit studiert hast, weißt, wie Familienstrukturen funktionieren – man soll auch wissen, wo das Taj Mahal und das Kolosseum ist. Ich persönlich halte vom deutschen Bildungssystem nicht viel, die Deutschen sind Fachidioten. Sie lernen nur ihr Fach, aber wie man mit der Kundschaft umgeht, wissen sie nicht. Sie sind nicht einfallsreich. Sie haben wenig Menschenkenntnis und freundlich sind sie auch nicht (lacht).

Was bedeutet für Sie Integration?

Tandem? Ja, es muss sein wie Tandem. Beidseitig gleichzeitig aufeinander zugehen, offen sein, Kultur zeigen und zeigen lassen. Wie Sonne und Wasser das, was dabei entsteht, als Licht zu betrachten.

Wozu ist Bildung gut?

Es ist schwer zu sagen. Bildung ist gut, wenn man sie nicht für sich alleine genießt, sondern für alle Menschen. Die Welt und sich selbst zu verstehen. Auch zu wissen, wenn ich einen Döner in die Plastiktüte einpacke, mache ich mir darüber Gedanken, wie lange die Tüte braucht, um wieder Erde zu sein. Wenn ich ein Haus baue, muss ich nicht nur schauen wo es liegt, z.B. neben Reichen (sie bestehlen dich zumindest nicht), sondern es ist gut zu wissen, welches Baumaterial für die Gesundheit gut ist. Bildung ist gut, weil man in gewisser Weise sein eigener Rechtsanwalt, Arzt, Psychologe und Lehrer sein kann. Aber zu glauben, dass man durch Bildung besser akzeptiert wird, ist falsch. Bildung bereichert einen selbst, nicht die Anderen. Ich sehe täglich in meinem Laden Ärzte, Professoren, viele überarbeitete arme Menschen, ich lebe viel besser als sie. Bildung ist wie ein Feigenblatt. Sie schützt nur das Zentrum, aber die Nacktheit bleibt unbedeckt.

Sind Sie integriert?

Je nachdem, wo ich mich bewege, mit wem ich zu tun habe, bei manchen Menschen ja. Bei manchen – selbst, wenn ich den Mond betrete – bin ich trotzdem Ausländer.

Was raten Sie ihren Kindern?

Lebe bewusst, habe keine Feinde, genieße die Bildung, aber traue niemals der Wissenschaft, denn sie ist in ständiger Bewegung und Veränderung. Genieße den Reichtum.

4.3.1.2 Asya Gül

45 Jahre, seit 22 Jahren in Dresden, war Krankenschwester in der Türkei, Sohn 12 Jahre, Tochter 20 Jahre
Millionärin durch Immobilienbesitz

Was beutet Reichtum für Sie?

Wenn meine Kinder gesund sind, dann bin ich reich.

Wie fühlen Sie sich als reicher Immigrant?

Ich werde immer Ausländer bleiben. Die Deutschen sind eifersüchtig auf meinen Reichtum.

Was muss man tun um sich zu integrieren? Welche Strategien gibt es?

Sprache lernen und gut beherrschen, in Theorie und Schrift. Wichtig ist, nicht nur unter den Landsleuten zu bleiben, sondern auch offen für das Gastgeberland zu sein. Meine Strategie ist, eine gute Bildung zu haben und gute Schulabschlüsse vorzuweisen. Geld ist auch gut, damit man anerkannt wird. Mit Geld kommt man überall hin. Für Ausländer ist Geld besonders wichtig, damit sie nicht als arme Schurken gesehen werden und es so aussieht, als würden sie dem Staat ‚auf der Tasche liegen'!

Was bedeutet für Sie Integration?

Kopf-frei zu leben, nicht ausgeschlossen und neugierig zu sein, sich selbst – die eigene Persönlichkeit und Herkunft – nicht zu vergessen. Man gelangt als Reicher immer leichter an das Wissen als arme Menschen.

Wozu ist Bildung gut?

Du kannst alles verlieren; Gesundheit, Geld, Kind, Mann, Freunde u.s.w., aber das, was du gelernt hast, begleitet dich bis zu deinem Tod. Die Bildung verschafft dir Wissen, du kennst deine Rechte, du weißt wie alles funktioniert. Du findest dich auf diesem Kontinent zurecht. Du bist nicht auf die Hilfe der Anderen angewiesen.

Sind Sie integriert?

Nicht ganz, aber im Vergleich zu Anderen bin ich besser integriert, solange ich mich aktiv bemühe, z.B. Weihnachten und Geburtstage feiere. Integration läuft nicht einseitig ab, damit es funktioniert, muss es wie ein Magnet sein. Nur die, die für Ausländer offen sind, integrieren dich, d.h. sie nehmen dich mit in die Gesellschaft. Aber diejenigen, die Ausländer im Fernsehen sehen, z.B. Muslime, sehen uns hier als Attentäter und Unruhestifter. Wie damals die Juden in der Hitlerzeit gesehen wurden. Bildung ist auch für die deutsche Gesellschaft wichtig, damit sie begreifen, dass es Menschen gibt, die anders leben und denken und andere Kulturen haben. Menschen die auch arm und reich, gut und böse sein können. Genau wie das eigene Volk.

Was raten Sie ihren Kindern?

Bildung. Sie sollen das tun, was sie für nötig halten und nicht das tun, was andere von ihnen wollen.

4.3.1.3 Saladin G.

46 Jahre, 24 Jahre in Deutschland, Hauptschulabschluss in der Türkei, Söhne 22 u 24 Jahre.
Millionenbesitz, v.a. Immobilien und Geschäfte, auf der Basis eines Dönerrestaurants erworben

Was beutet Reichtum für Sie?

Macht. Freiheit. Tolles Gefühl.

Wie fühlen Sie sich als reicher Immigrant?

Gut. Ich habe sowieso nur mit Menschen zu tun, wie z.B. Pommes-Mann, Pizzakarton-Mann und Autohaus-Mann, bei denen ich der Reiche bin, der abkauft. Sie haben Respekt vor mir, was sie hinter meinem Rücken sagen, ist mir egal.

Was muss man tun um sich zu integrieren? Welche Strategien gibt es?

Ich denke zuerst reich sein. Dann höhere Bildung haben. Dann lebt man wie ein Deutscher. Die Sprache ist auch sehr wichtig, das merkt man, wenn man auf die Behörde geht. Kannst du deutsch, wirst du gut behandelt, kannst du nicht deutsch: Scheiße! Denn sie sehen ja nicht deinen dicken Mercedes auf dem Parkplatz. Wenn sie ihn sehen würden, würden sie dich akzeptieren. Der Schlüssel in der Hand sagt ihnen nichts, denn sie sind zu doof. Wichtige Strategie: Geld, Bildung, Sprache.

Was bedeutet für Sie Integration?

Oh Mann, nicht ausgeschlossen zu sein. Behandelt zu werden wie ein Deutscher. Keine Ausländerfeindlichkeit.

Wozu ist Bildung gut?

Man kann, um sich hinterher zu ärgern, von einem Ort zum Anderen ziehen, um auf Verträge angewiesen zu sein, die höchstens zwei Jahre gelten. Arm zu leben, es sei denn man ist Arzt oder Rechtanwalt, aber das nützt dir auch nicht immer, weil du Ausländer bist. Zu dir kommen deine Landsleute. Doch auch sie kommen nicht immer zu dir, weil sie denken du kannst die Sprache nicht gut und hast in der Uni nicht alles verstanden, also machst du was falsch (lacht!)

Sind Sie integriert?

Ja, da wo ich mich bewege schon. Aber im Theater oder in der Oper nicht, da hab ich sowie so kein Interesse.

Was raten Sie ihren Kindern?

Studiert, egal was, Hauptsache Studium, damit du besser integriert bist. Du kannst besser Urlaub machen, kannst Englisch und die Leute werden sagen, man der ist reich und gebildet. Aber nicht in der Branche arbeiten, denn das Einkommen als Akademiker reicht von vorne bis hinten nicht.

4.3.1.4 Ahmet

50 Jahre, Hauptschulabschluss, seit 25 Jahren in Dresden, Frau 41, 2 Kinder (22 u 14 Jahre)

Blumengroßhandel, Immobilien und Logistik

Was beutet Reichtum für Sie?

Bequemlichkeit und ein besseres Leben.

Wie fühlen Sie sich als reicher Immigrant?

Manchmal gut, manchmal scheiße. Sie sind eifersüchtig, sagen auch Dönermann. Wenn ich meinen dicken Mercedes fahre, dann passen die Nachbarn auf, dass die irgendeinen Fehler sehen. Zum Beispiel falsch geparkt. Wenn zum Beispiel ein deutscher Mercedes-500er-Fahrer in unserer Straße falsch parkt, es ist übrigens eine Reichengegend, dann machen sie Fotos, gucken ihn sich an und finden ihn toll. Mein Auto gucken sie nicht an, wenn dann spucken sie danach. Sie gönnen uns Ausländern nichts, so als ob wir durch Heroin oder Bombenanschläge das Geld gemacht hätten.

Was muss man tun um sich zu integrieren? Welche Strategien gibt es?

Nichts. Du kannst ein wenig mit der Sprache bewegen, aber viel kannst du auch nicht daran ändern. Die sehen dich so, wie sie die aus dem Fernsehen kennen, auch wenn du Doktor bist. Bei Strategien, sehe ich nur Geld darin und vielleicht Sprache.

Was bedeutet für Sie Integration?

Sich klein machen gegenüber den Deutschen, ja und Amen sagen.

Wozu ist Bildung gut?

Bildung wird überbewertet. Ich habe viele Studenten, die bei mir arbeiten, um über die Runden zu kommen. Ich sehe sie später nach dem Abschluss wieder, sie sind arbeitslos, haben viele Schulden. Wie heißt das? BAföG ja. Oder sie arbeiten als Taxifahrer, Frauen als Kindermädchen, oh Mann, nein, nein. Kolumbus hat Amerika auch ohne Abschluss entdeckt. Ich habe nicht studiert, kann dir trotzdem sagen, was gesund ist und was nicht. Welche Kontinente warm und kalt sind, oder wie ich mein Geld anlegen soll. Kinder, Kinder ihr macht euch eure Köpfe kaputt. Es dreht sich sowieso alles nur ums Geld.

Sind Sie integriert?

Ich mache mir keinen Kopf, auch wenn ich mir den Arsch aufreiße, ich bleibe Ausländer. (Schreib das mal ganz dick hin.) Darum bemühe ich mich nicht, um Integration.

Was raten Sie ihren Kindern?

Sie sollen den Kopf gut arbeiten lassen. Sie sollen den Reichtum schützen. Gut essen, viel Wein trinken, gutes Ziegenfleisch essen. Dicken Mercedes fahren, wenn ein Unfall passiert, können sie wenigstens überleben. Sie sollen einen guten Abschluss haben, damit sie die Welt kennen. Gut schreiben, viele schöne junge Frauen haben, nicht viele Kinder haben, sie machen Probleme.

4.3.2 Gebildete Migranten

4.3.2.1 Gülsen

55 Jahre, 25 Jahre in Deutschland, Hauptschulabschluss in der Türkei, in Deutschland zweiter Bildungsweg absolviert und Sozialwissenschaften studiert, Mann 57 Jahre, 3 Kinder
Sozialarbeiterin

Was beutet Reichtum für Sie?
Reichtum erleichtert das Leben. Verändert aber auch ein wenig den Charakter.

Was muss man tun um sich zu integrieren? Welche Strategien gibt es?
Erstens gibt es das Wort Integration nicht. Das heißt, es gibt es schon, aber es ist kein Gesetz. Integration passiert in einem selbst, in welcher Form und welchem Maße entscheidet der Betroffene allerdings auch selbst. Wie man in den Wald hinein ruft, so hallt es wieder heraus, oder der Mensch glaubt an das, was er will, und sieht das, was er sehen will. Aber auch Sprache und Bildung spielen dabei eine wichtige Rolle für dich. Wenn du als Ausländer beschimpft wirst, kannst du dir wenigstens erklären warum oder aus welcher Schicht der Nazi kommt, denn meistens sind sie dumm und haben keine Bildung. Es gibt aber auch immer welche unter ihnen, die Bildung haben, aber nicht verstehen. Solche sind Herdenführer, denn irgendjemand muss diese Herrenlosen führen, um sich in der Macht zu sehen und sich von solchen Schurken auch noch den letzten Cent nehmen zu lassen. Bei solchen Leuten kannst du der Kanzler sein und wirst trotzdem nicht integriert.

Was bedeutet für sie Integration?
Das Leben einfacher zu haben. Sowohl das Heimatland als auch das Zielland lieben und verstehen, miteinander vergleichen, sei es Kultur, sei es Essen oder sei es Glauben, und einfach das Beste daraus zu machen. Integration bedeutet durchlässig für alles zu sein. Das bedeutet Reichtum auch sprachlich. Eine doppelte Seele zu haben, ein doppeltes Herz haben ist Bildung, höhere Bildung als an der Universität. Sehen, neugierig sein, tasten, riechen, fühlen, nachahmen und dann sich selbst nicht vergessen.

Wozu ist Bildung gut?
- um sich die Augen zu öffnen
- besser hören, Rachmaninow zu hören
- teilen, geben, nehmen, lieben
- sich orientieren, möglichst vieles verstehen, Goethe und Schiller verstehen, Kinder zu haben und zu verstehen
- Bach zu fühlen
- Shakespeare zu lesen

- Michelangelo zu sehen, Schönheit zu sehen, Schönheit selbst zu sein, schöne Männer zu sehen (lacht)
- gutes Essen zu genießen

Die Welt zu lieben, sich selbst zu verstehen und sich nicht von den Psychologen analysieren zu lassen. Sein eigener Herr zu sein.

Sind Sie integriert?

Es ist so, ich bin schon so lange hier, mal fühle ich mich integriert mal nicht. Wenn etwas an mir positiv gesehen wird, werde ich integriert und als Deutsche gesehen. Wenn etwas an mir negativ ist, bin ich wieder Türkin. Die Deutschen sind wie das Wetter, mal sind sie so, mal sind sie so. Man sollte sich nicht so viel Gedanken machen, einfach sein Ding durchziehen.

Was raten Sie ihren Kindern?

Ich habe nur ein Kind. Ich sage zu ihm: Sei ein guter Mensch, genieß das Leben, solange es geht, erwarte von niemandem etwas, sondern erwarte nur von dir selbst etwas. Ich habe keinen Reichtum, den ich dir hinterlassen kann, denn ich bin nur Sozialarbeiterin. Aber ich hinterlasse dir meinen Reichtum in Form meiner Bibliothek. Lies, dann wirst du reich an Wissen. Denn von Reichtum im Portemonnaie halte ich persönlich nicht viel, es verdirbt den Charakter und man wird unruhig usw. Ich brauche es nicht, ich bin glücklich so wie ich lebe.

Außerdem, wer reich ist, der ist mit sich nie zufrieden, der will immer mehr, ist dauernd dabei, sich mit anderen zu vergleichen. Das ist ein dauernder Wettbewerb. Die Reichen kommen bis zum Tod nirgends an.

4.3.2.2 Melis

40 Jahre alt (weiblich), in Deutschland geboren, Gastarbeiterkind, keine Kinder
Rechtsanwältin in Berlin

Was beutet Reichtum für Sie?

Ich bin nicht reich und halte von Reichtum auch nicht besonders viel. Aber ich müsste dann nicht so viel arbeiten und hätte mehr Zeit zum Lesen und Reisen.

Was muss man tun um sich zu integrieren? Welche Strategien gibt es?

Nicht mit der Herde laufen, man sollte man selbst sein. Neugierig und offen sein, lernen loszulassen und positiv zu denken. Man sollte beide Kulturen gut kennen, muss aber nicht unbedingt studieren um integriert zu werden. Ich denke wer neugierig ist und positiv denkt, ist auch motiviert, die Sprache von selbst zu lernen. Der Rest passiert von allein.

Was bedeutet für Sie Integration?

Manchmal vergesse ich, dass ich Immigrantin bin, bis mich wieder jemand daran erinnert, entweder Deutsche (ach – das wissen Sie als Ausländerin besser, wie die

Kurden ticken) oder von Landsleuten (auch das wissen Sie als Kurdin wie die Deutschen so sind: kalt, unfreundlich, egoistisch und ausländerfeindlich). Ich kann mich nicht richtig äußern, es ist als ob im Körper ein wichtiges Organ fehlt, vielleicht ein Arm oder so. Wenn ich in der Türkei bin, vermisse ich meine Heimat Berlin, immer wenn ich in Berlin bin, wo es wochenlang dunkel, kalt und verregnet ist, vermisse ich die helle, warme Türkei.

Dem füge ich noch hinzu, dass es auch sehr hilfreich ist, wenn man Selbstbewusstsein besitzt, und man muss, wie gesagt, die Sprache gut beherrschen.

Wozu ist Bildung gut?
Um die Welt kritisch zu betrachten und sich in dieser Galaxie zurechtzufinden. Mutig zu sein ist gerade für die Frauen und Emanzipation gut. Obwohl, an der Stelle muss ich mir selbst widersprechen: Welche Frau gebildet ist, hat auch Gottes Fluch auf sich. Bisher war es Kinder, Küche, Kirche, und jetzt noch acht Stunden extra Arbeit und wenig Gehalt dazu. Und der Rest lastet trotzdem noch auf den Schultern, auch wenn die Kirche nicht so eine große Rolle spielt, obwohl Kirche wieder in Mode gekommen ist, sie macht Spaß. Und wer gebildet ist, spielt oft noch ein Musikinstrument oder macht Sport und hat dann noch Kinder und ist unter Umständen geschieden.

Sind Sie integriert?
Ja und meine Gründe sind schon genannt.

Was raten Sie ihren Kindern?
Wenn ich Kinder hätte, würde ich ihnen raten: Lebe dein Leben, gehe deinen Weg. Mache nur das was **du** willst. Werde kein Akademiker. Wandere dorthin aus, wo es dir gefällt, erlerne eine handwerkliche Tätigkeit.

4.3.2.3 Achmet

49 Jahre, 39 Jahre in Deutschland, Arzt in Köln

Was beutet Reichtum für Sie?
Reichtum bedeutet für mich Macht, ich mag keine Macht.

Was muss man tun um sich zu integrieren? Welche Strategien gibt es?
Es gibt keine allgemeine Schablone, nach der man sich richten kann. Das muss jeder für sich selbst entscheiden. Ansonsten würde ich sagen: Ein gesunder Kopf und Körper, Neugier und Selbstbewusstsein, ein schönes Lächeln und ein schöner Körper, eine glückliche Kindheit, Familie und liebende Eltern. Und in gewisser Weise Bildung.

Was bedeutet für Sie Integration? Sind Sie integriert?
Gibt es so was? Ich kann fast nur Deutsch, denke und handle deutsch, habe eine deutsche Frau und deutsche Kinder. Trotzdem, wenn ich zu manchen Patienten

gehe, schauen und sprechen sie den deutschen Assistenzarzt an und fragen ihn ihre Fragen (lacht). Ich sehe schon fast wie ein Deutscher aus, aber mein Name ist türkisch, und schon bin ich in die unterste Kategorie gerutscht. Aber zum Glück nur bei bildungsfernen Schichten.

Wozu ist Bildung gut?

Heutige Bildung, weiß ich auch nicht, aber vor 100 Jahren war das Erkenntnis, Lebensphilosophie, Sinn des Lebens. Es war wichtig, das fast unbeschadete Leben zu verstehen. Sich gegenseitig zu lieben und Menschen lieben zu können. Die Unterschiede zwischen Mensch und Tier zu verstehen. Heute ist nur alles halbes Wissen, um irgendwo hinkommen zu können. Viele meiner Kollegen haben das Land hier verlassen, weil sie nicht unter menschlichen Bedingungen Geld verdienen konnten. Ach, ich weiß es selber auch nicht so richtig.

Nur für einen selbst, genau wie gutes Essen oder schöner Urlaub. Man relaxt, das bringt das Gehirn in Schwung, wie gesunder Stoffwechsel.

Was raten Sie ihren Kindern?

Macht das, was ihr für richtig haltet. Werdet gute Menschen. Lest viel, schaut wenig Fernsehen. Ihr solltet wissen, ich bin als Papa immer für euch da, wenn ihr mich braucht. Seid nicht enttäuscht, wenn ihr ein paar Nazis seht, die sind viel zu dumm für diese Welt, aber trotzdem Menschen. Einer hat nach einer OP meine Hand gepriesen, weil ich ihn als Ausländer operiert hatte. Ich habe ihn genauso schön und lieb operiert, wie ich meinen eigenen Sohn operieren würde, und werde es bei allen so tun. Denn auch die Dummen gehören zu dieser Welt.

4.3.2.4 Erdal

32 Jahre, seit 20 Jahren in Bensheim
Lehrer

Was beutet Reichtum für Sie?

1. Wohlstand
2. Reichtum ist ein Mittel, das Leben zu erleichtern. Mittel zum Zweck.

Was muss man tun um sich zu integrieren? Welche Strategien gibt es?

1. Man muss die Sprache gut beherrschen.
2. Man sollte offen sein für die anderen Kulturen, bei gegenseitiger Aufnahmebereitschaft. Die Sprache lernen und die andere Seite kennenlernen.

Was bedeutet für Sie Integration?

Dass man irgendwo außerhalb von zuhause aufgenommen ist. Integriert bin ich, wenn ich irgendwo aufgenommen bin, auch wenn ich dort trotzdem nicht zu Hause bin.

Es gibt viele Gruppen in einer Gesellschaft, neutrale und auch negative. Darum kann man sich eigentlich nicht in die ganze Gesellschaft integrieren. Sondern man passt sich einer von den Gruppen an, egal, ob die nun gut oder böse ist.

Integration heißt auch, dass Du an Dir etwas änderst. In Deutschland ist Integration wie eine Tablette, die man gegen eine Krankheit nimmt. „Mir fehlt etwas, schnell gibt mir eine Integrationstablette!"

Mit Sprache und gutem Beruf ist nicht alles getan.

Wozu ist Bildung gut?
Bildung erleichtert das Leben. Man hat bessere Chancen auf dem Arbeitsmarkt und es kann die Integration vereinfachen.

Sind Sie integriert?
Ob ich integriert bin, oder ob ich mich integriert fühle? Ja und nein, 50% ja, durch meinen Beruf, nicht weil ich Ausländer bin.

Was raten Sie ihren Kindern?
Bildung ist wichtig und ein guter Beruf.

4.4 Zwischenfazit: Wie Migranten sich integrieren

Die Interviews versammeln die Einschätzungen von acht Menschen, die sich aktiv um ihre Entstigmatisierung bemüht haben und dabei zumindest in der gewählten Strategie erfolgreich sind – wenn auch nicht unbedingt in dem damit verfolgten Ziel. Der einen Hälfte von ihnen ist es gelungen, durch Geschäftssinn, aber ohne formelle Ausbildung, beträchtlichen Wohlstand zu erlangen. Die andere Hälfte hat deutsche Studienabschlüsse und arbeitet in akademischen Berufen, was einen allenfalls bescheidenen Wohlstand mit sich bringt.

Natürlich ist eine Stichprobe aus zweimal vier Fällen zu klein, um gesicherte allgemeine Aussagen zu induzieren. Trotzdem möchte ich den Versuch unternehmen, in der Sammlung von individuellen Aussagen übergreifende Muster zu entdecken. Als hilfreichen Zwischenschritt zu diesem Ziel versuche ich im Folgenden zunächst, die Haltungen meiner Interviewpartner in einer Tabelle zusammenzufassen. Dabei werden, der Übersicht halber, die Einstellungen mit den Ampelfarben (positiv: grün; ambivalent: gelb; negativ: rot) gekennzeichnet. Ich habe dabei die Einstellungen anhand der vollständigen Äußerungen eingeschätzt; die Zitate dienen nur zur Illustration.

Nach dem Item „Einstellung zur Integration" habe ich in den Interviews nicht explizit gefragt, und so gibt es nicht von jedem Gesprächspartner eine explizite Äußerung dazu. Es ist im Nachhinein aber interessant geworden, dass sich einige von ihnen implizit oder explizit über die Möglichkeit und Erfolgswahrscheinlichkeit von Integration überhaupt geäußert haben. Daher habe ich diese Einschätzungen, wo vorhanden, in der Tabelle berücksichtigt.

	Einstellung zum Reichtum	Einstellung zur Bildung	Fühlt sich integriert?	Einstellung zu Integration	Mittel zur Integration
Reiche Migranten					
Mehmet	positiv „Es gibt keine Tür, die das Geld nicht öffnen kann.“	ambivalent „Bildung ist gut, weil man sein eigener Rechts-anwalt etc. sein kann. [...] Ärzte, Professoren, viele überarbeitete, arme Menschen - ich lebe viel besser als sie.“	ambivalent „Je nachdem, wo ich mich bewege.“	ambivalent „Selbst wenn ich den Mond betrete, bin ich trotzdem Ausländer.“	- Sprache - persönliche Einstellung - Ausbildung / Abschluss - Weltwissen
Asya Gül	positiv „Geld ist auch gut, damit man anerkannt wird. Mit Geld kommt man überall hin.“	positiv „Was du gelernt hast, begleitet dich bis zu deinem Tod.“	ambivalent „Ich werde immer Ausländer bleiben.“ „Im Vergleich zu Anderen bin ich besser integriert.“	positiv Beruht auf Gegenseitigkeit	- Sprache - Kontakt zu Deutschen - Ausbildung / Abschlüsse - Geld
Saladin G.	positiv „Macht. Freiheit. Tolles Gefühl.“	ambivalent „Hauptsache Studium, damit du besser integriert bist. [...] Aber nicht in der Branche arbeiten.“	ambivalent „Ja, da, wo ich mich bewege.“		- Geld - Sprache - Ausbildung
Achmet	positiv „Bequemlichkeit und ein besseres Leben“	negativ „Bildung wird überbewertet. [...] Kolumbus hat Amerika auch ohne Abschluss entdeckt.“	negativ „Auch wenn ich mir den Arsch aufreiße, ich bleibe Ausländer.“	negativ „Sich klein machen gegenüber den Deutschen, ja und Amen sagen.“	- Sprache - Geld
Gebildete Migranten					
Gülsen	ambivalent „Erleichtert das Leben, verändert aber auch den Charakter.“	positiv „Die Welt zu lieben, sich selbst zu verstehen und sich nicht von Psychologen analysieren zu lassen.“	ambivalent „Mal fühle ich mich integriert, mal nicht. [...] Die Deutschen sind wie das Wetter.“	positiv „Integration passiert ein einem selbst. [...] Eine doppelte Seele zu haben, ein doppeltes Herz.“	- Sprache - Bildung - persönliche Einstellung
Melis	ambivalent „Ich halte vom Reichtum nicht besonders viel. Aber ich müsste dann nicht so viel arbeiten.“	positiv „Um die Welt kritisch zu betrachten und sich in dieser Galaxie zurechtzufinden.“	positiv/ambivalent „Manchmal vergesse ich, dass ich Immigrantin bin, bis mich wieder jemand daran erinnert.“	positiv „Der Rest passiert von allein.“	- Sprache - Neugier - Selbstbewusstsein
Ahmet	negativ „Reichtum bedeutet für mich Macht; ich mag keine Macht.“	positiv „Erkenntnis, Lebensphilosophie, Sinn des Lebens [...] Sich gegenseitig zu lieben und Menschen lieben zu können.“	positiv/ambivalent „Ich kann fast nur Deutsch, denke & handle deutsch, [...] aber mein Name ist türkisch, und schon bin ich in die unterste Kategorie gerutscht.“		- Bildung - Neugier - Selbstbewusstsein
Erdal	positiv „Reichtum ist ein Mittel, das Leben zu erleichtern“	positiv „Bildung erleichtert das Leben Man hat bessere Chancen auf dem Arbeitsmarkt.“	ambivalent „Ja und nein, 50% ja.“	ambivalent „Integrationstablette“ „Angekommen, aber nicht zu Hause“	- Sprache - Offenheit - sich selbst ändern

Wenig überraschend ist, dass die reichen Migranten Reichtum durchweg positiv bewerten, Bildung hingegen eher skeptisch mit zwei ambivalenten, einer positiven und einer negativen Äußerung, während es bei den gebildeten Migranten haargenau spiegelbildlich ist. Reiche Migranten nennen überwiegend „Geld" als wichtiges Mittel, um in Deutschland akzeptiert zu werden; gebildete Migranten nennen es gar nicht, stattdessen aber Bildung und Neugier. Das ist, wie gesagt, nicht überraschend. Menschen bewerten ihre eigenen Lebensentscheidungen – oft erst nachträglich – als richtig. Dass die Gesprächspartner das, was sie selbst erlangt haben – Geld bzw. Bildung – explizit als Hilfsmittel zur Integration nennen, stützt aber meine Annahme, dass diese Errungenschaften bewusst als Strategie zur Entstigmatisierung ausgewählt und eingesetzt worden sind.

Erstaunlicher ist schon, wie selbstverständlich in diesen Haltungen der alte Gegensatz von Geld und Geist zutage tritt. Man hätte erwarten können, dass sich dieser Gegensatz als konstruiert herausstellt – bevorzugt von den Gebildeten, denen die materielle Anerkennung der kapitalistischen Gesellschaft versagt bleibt. Aber dem ist nicht so. Reiche haben ebenso wenig Verständnis dafür, dass Leute ihre Energie dem Studium und der Erkenntnis widmen, wie Gebildete Sinn darin sehen, nach Geld zu streben.

In Bezug auf die Fragestellung dieser Arbeit sind zwei andere Muster interessant:

Erstens fühlen sich in dieser Stichprobe – so klein sie ist – diejenigen Migranten besser integriert und haben auch eine positivere Einstellung zum Begriff „Integration", die versucht haben, sich durch Bildung in die deutsche Gesellschaft zu integrieren. Auch sie äußern sich allerdings nicht rundum positiv. Es gibt immer Gelegenheiten, bei denen sie an ihre Fremdheit erinnert werden. Für diejenigen Befragten, die auf Reichtum gesetzt haben, hängt es aber in noch viel stärkerem Maße von ihrem jeweiligen Umfeld ab, ob sie sich integriert fühlen. Sie fühlen sich wohl, wenn sie von Geschäftspartnern umgeben sind, „bei denen ich der Reiche bin, der abkauft", wie Saladin sagt. Doch außerhalb dieses Bewegungskreises fühlen sie sich schnell fremd. Gerade ihr Wohlstand hat sie in eine gesellschaftliche Schicht gebracht, deren Interessen und Gepflogenheiten sie nicht kennen. Obwohl wiederum Saladin sagt: „Aber im Theater oder in der Oper [fühle ich mich] nicht [integriert], da hab ich sowieso kein Interesse", weiß ich von ihm, dass er just in diesem Milieu demütigende Zurückweisungen erleben musste. Folglich nennen drei von den vier reichen Migranten – mit Ausnahme des ohnehin resignierten Achmet – Bildung oder Ausbildung als Mittel zur Integration, obwohl sie selbst diesen Weg nicht gewählt haben.

Typisch für diese reichen Migranten scheint zu sein, dass sie sich dann integriert fühlen, wenn sie Respekt erfahren. Saladin ist wiederum mit seinen Äußerungen ein Extrembeispiel, aber auch in den Aussagen von Achmet, der wie Saladin Wert auf seinen „dicken Mercedes" legt, schwingt dieser Wunsch erkennbar mit, und Asya Gül findet, für „Ausländer ist Geld besonders wichtig, damit sie nicht als arme Schurken gesehen werden". Bei den gebildeten Migranten klingt das anders. Sie verstehen Integration weniger als eine Haltung, die sie von der Mehrheitsbevölkerung erwarten, und mehr als eine eigene kognitive und emotionale Leistung, als die Fähigkeit, die deutsche Kultur zu verstehen. „Integration passiert in einem selbst", sagt Gülsen; alle vier Befragten dieser Kategorie weisen darauf hin, dass eigene Neugier und Offenheit eine Voraussetzung für Integration sind, und als Ergebnis nennen Melis und Ahmet explizit Selbstbewusstsein. Wer selbstbewusst ist, ist weniger auf den Respekt anderer angewiesen.

Trotzdem – und auch das muss hier als gemeinsames Muster benannt werden – fühlt sich keiner der Befragten uneingeschränkt integriert. Alle verweisen darauf, dass sie, egal was sie leisten, von Deutschen bisweilen als Ausländer erkannt, angesprochen und behandelt werden. Dies bestätigt zum Einen, wie hartnäckig ein Stigma ist, und zum Anderen, dass ein Stigma gesellschaftlich konstruiert ist und vollständig nur durch eine geänderte Einstellung der „Normalen" überwunden werden kann. Integration braucht auch die Mitwirkung der einheimischen Mehrheit. Dies ist einer der Punkte, auf die ich im Fazit der Arbeit eingehen werde.

Als zweites Muster herrscht bei allen Befragten, unabhängig von ihren eigenen Lebensentscheidungen, ein bemerkenswertes Einvernehmen darüber, was ein Ausländer tun muss, um integriert zu werden. Mit der einzigen Ausnahme von Ahmet (der von sich sagt, fast nur Deutsch zu können, und daher des Problems vermutlich nicht gewahr ist) nennen alle Befragten die Beherrschung der deutschen Sprache als wichtigstes Mittel zu Integration. Am zweithäufigsten genannt wird die formale Bildung, wobei die reichen Migranten auffallenderweise eher pragmatisch von Ausbildung und Abschlüssen sprechen, die gebildeten eher von Bildung im Sinne von Weltwissen und Selbsterkenntnis. Bemerkenswert ist die weitgehend einvernehmliche Nennung von Sprache und Bildung deswegen, weil sie völlig übereinstimmt mit den Voraussetzungen zur Integration, die in allen empirischen, statistischen Studien ermittelt wurden, die ich im zweiten Abschnitt der Arbeit zusammengestellt habe. Die subjektive und individuelle Innensicht der Betroffenen deckt sich also mit der wissenschaftlichen Außensicht.

Abschließend finde ich interessant, wie wenig „ausländisch" die Äußerungen klingen. Selbst die wenig integrierten Interviewpartner sehen ihre Sehnsucht in einem deutschen Luxusauto repräsentiert, und Gülsen beschreibt Bildung durch Goethe und Schiller, Bach und Rachmaninov, Michelangelo und gutes Essen. Von fundamentalen kulturellen Differenzen, etwa in Religion und Wertvorstellungen, ist überhaupt keine Rede. Es wäre spannend zu untersuchen, inwiefern Deutsche, die es durch Bildung oder durch Reichtum „zu etwas gebracht" haben, sich ähnlich äußern und ähnliche Motivationen offenbaren. Möglicherweise würde sich dann auch in einem solchen Vergleich zeigen, dass Integration kein Problem von Migranten ist, sondern eines der Unterschicht. Sozioökonomisch schwachen Menschen ist die gesellschaftliche Teilhabe verwehrt, unabhängig davon, ob sie deutscher oder türkischer Herkunft sind, und sie drücken ihr Verlangen nach Integration womöglich in denselben Chiffren aus: Master oder Mercedes.

5. Fazit: Bildung und ökonomischer Erfolg als alternative Integrationsstrategien

5.1 „Nur wer im Wohlstand lebt, lebt angenehm."

In den Befragungen werden zwei unterschiedliche Integrationsstrategien erkennbar: Neben denjenigen Migranten, die Wert auf ihre Ausbildung gelegt haben, gibt es auch eine große Zahl, die formal ungebildet geblieben sind, dafür aber ihre Energie in Geschäfte gesteckt und beträchtlichen Reichtum erworben haben. (Und natürlich gibt es auch den großen Anteil derer, die keines von beiden erreicht haben. Repräsentanten dieser Gruppe wurden aber nicht interviewt, weil sie keine eigene Erfahrung hätten beitragen können.)

In seiner Studie zu den Biographien von sogenannten Extremaufsteigern hat El Mafaalani (2014) ausschließlich Personen befragt, die auf dem Weg durch die Bildungsinstanzen in die Oberschicht vorgestoßen sind. Dass es auch etliche gibt, die das durch reinen Geschäftssinn geschafft haben, hat er vermutlich deshalb übersehen, weil diese Aufsteiger keine formellen Karrieren durchlaufen haben und keine hierarchischen Positionen bekleiden. In die deutsche Mehrheitsgesellschaft sind sie, wie das Beispiel von Saladin G. zeigt, nicht kulturell integriert, daher werden sie von dieser auch nicht wahrgenommen. Sie sind nicht Mitglied von Rotary oder dem Lions Club, verkehren nicht in Managerzirkeln und sprechen nicht vor der Industrie- und Handelskammer.

Die beiden Integrationsstrategien – Geld vs. Geist – erscheinen gegensätzlich. Sind sie es tatsächlich? In ihren Zielen wie in ihrem Ergebnis sind sie andererseits ähnlich und bestätigen Hartmut Essers (2004) konzeptionellen Herleitungen über den Assimilationsprozess. „Assimilation" hat laut Esser in der Migrationsdiskussion einen schlechten Klang, weil sie Angleichung und den Verlust kultureller Vielfalt impliziere. Tatsächlich aber zeige sich bei einer Untersuchung der denkbaren Optionen, dass die meisten von ihnen „nicht sonderlich wünschenswert" aussähen, da sie hinausliefen auf „vertikale Rangordnungen, gesellschaftliche Segmentationen und Quasi-Kasten-Systeme, (kollektive) Konflikte oder [...] die Marginalisierung der Migranten" (Esser 2004, S. 57), wobei eine soziale Schichtung entlang ethnischer Grenzen den meisten dieser Ergebnisse zugrunde liegt. Der einzige Weg, diese unerwünschten Entwicklungen zu vermeiden, sei für Migranten der Zugang zum primären Arbeitsmarkt und die Erwerbung von Bildungsqualifikationen, und diese verlangten wiederum die Inklusion in die nationalstaatlichen Institutionen und Kulturen. Eine strukturelle Assimilation sei also unumgänglich. Multikulturalität sei in ihrem Rahmen nur möglich als Verschiedenheit der individuellen Lebensstile.

Bildung – die ja in der Integrationsdiskussion ebenso wie in dieser Arbeit durchweg berufsqualifizierende Ausbildung bedeutet – dient demnach auch nur der strukturellen Assimilation in den Arbeitsmarkt, also dem wirtschaftlichen Erfolg. Es gäbe demnach, wenn Esser recht hat, keinen Unterschied zwischen den beiden Integrationsstrategien, die ich bei erfolgreichen Migranten beobachtet habe: Beide führen für das Individuum zu einem gewissen Wohlstand, und für die Gesellschaft zu einer zunehmenden Assimilation der Migranten. Esser resümiert apodiktisch: „Jetzt gibt es *weltweit* nur noch das *eine* übergreifende gesellschaftliche Ziel und nur noch *eine* Art von effizienten Mitteln, ökonomischer Gewinn und Wissen über technische Effizienz" (Esser 2004, S. 57).

Es ist sicherlich viel Wahres an dieser äußerst nüchternen Analyse, die sich in der Dreigroschenoper zusammengefasst findet: „Nur wer im Wohlstand lebt, lebt angenehm." Aber die Aussagen meiner Gesprächspartner zeigen, dass die Wirklichkeit so materialistisch-einfach nicht ist. Ausgerechnet diejenigen, die das „übergreifende Ziel" des ökonomischen Gewinns erreicht haben, fühlen sich mittelmäßig bis schlecht integriert und sind mit ihrer Situation eher unzufrieden. Deutlich größer ist die Lebenszufriedenheit bei denjenigen, die eine Bildungskarriere eingeschlagen haben. Zwar leben auch sie, da sie in ihrem erlernten Beruf arbeiten, in einem gewissen Wohlstand. Ihre Bildungskarriere war höchstwahrscheinlich nicht Selbstzweck, sondern diente dem Zugang zum gehobenen Arbeitsmarkt. Wohlstand steht daher weiterhin als notwendige Bedingung für ein angenehmes Leben im Raum – aber nicht als hinreichende Bedingung. Die Sprache – auch die umfassende kulturelle Sprache – des Einwanderungslandes zu beherrschen, mit allen Zeichen und Symbolen vertraut zu sein und mühelos an Diskurse anschließen zu können, scheint ein weiteres Bedürfnis des Menschen zu sein.

Es gibt weitere Unterschiede zwischen den beiden Strategien. So sind die Motivationen unterschiedlich. Selbst, wenn beide (auch) auf materiell messbaren gesellschaftlichen Aufstieg zielen, sind die Perspektiven und auch die Ansprüche an die Persönlichkeit ganz verschieden. Die Entscheidung für eine Bildungskarriere verlangt einen langen Atem, hohe Frustrationstoleranz und eine starke intrinsische Motivation. Dementsprechend hat El-Mafaalani (2014) in seiner Untersuchung von Bildungsaufsteigern beobachtet, „dass der innere Wille sich selbst zu ändern bzw. zumindest die Offenheit zur Veränderung eine notwendige Voraussetzung darzustellen scheint. Wer reich und berühmt werden möchte, der ist zum einen im Prinzip mit sich selbst zufrieden und sieht lediglich in äußeren Rahmenbedingungen ein Problem (insbesondere Geld) und wird zum anderen auch durch relativ attraktive Angebote abgelenkt. Bestimmte Vorbilder [...] suggerieren, dass man so bleiben kann, wie man ist, und dennoch reich und berühmt werden kann. [...] Ein solches instrumentelles Aufstiegsmotiv lag überraschenderweise bei keinem der Aufsteiger vor. Vielmehr haben die erfolgreichen Bildungsaufsteiger das eigene Denken und Handeln problematisiert. Aus dieser Perspektive entwickelten sie ein Bedürfnis nach einer zunächst noch unspezifischen

Veränderung und anschließend den Drang, an *sich selbst* zu arbeiten, sich selbst zu verändern" (El-Mafaalani 2014: 23f).

Dieses ausführliche Zitat verweist nicht nur auf die von meinen gebildeten Gesprächspartnern immer wieder betonte Offenheit, sondern deutet auch schon die Motivationslage derjenigen an, die geschäftlich erfolgreich sind. Auch ihr Lebensweg verlangt ungeheuren Fleiß und harte Arbeit, die aber sichtbare und kurzfristige Belohnung bringen. Der Nutzen zeigt sich von Anfang an im finanziellen Ertrag, der stetig wächst, während jemand, der sich auf den Bildungsweg macht, nur seine Kenntnisse wachsen sieht und auf die Hoffnung angewiesen ist, diese später in finanziellen Gewinn übersetzen zu können.

Außerdem – und das ist ein weiterer Unterschied zwischen den Strategien – weist das Zitat auf die Folgen hin, welche die verschiedenen Strategien für die Persönlichkeitsentwicklung und damit auf die soziale Einbindung der Migranten haben. Diejenigen, die Integration über geschäftlichen Erfolg zu erreichen versuchen, sind mit sich selbst zufrieden, sie ändern sich nicht, und bleiben daher relativ mühelos in ihrem Herkunftsumfeld verhaftet. Sie sind kulturell – im vorliegenden Fall – Kurden und werden von anderen Kurden also solche akzeptiert und verstanden. Dies ist das unvermeidliche Komplement zu ihrer schlechteren Integration in die deutsche Kultur. Das Gegenteil gilt für die gebildeten Migranten. Indem sie sich in der deutschen Kultur einknüpfen, verlieren sie ihre Bindung an ihre Herkunftskultur. In El-Mafaalanis Studie haben sich alle Bildungs-Extremaufsteiger im Laufe ihrer Karriere von der Herkunftsgesellschaft entfremdet. Viele bedauern es, einerseits von ihrer Familie nicht mehr verstanden zu werden, andererseits aber auch Unverständnis von ihren deutschen Kollegen zu ernten, wenn sie die Bindung an ein bildungsfernes Milieu aufrechterhalten.

5.2 *„Es bringt ja doch nichts."*

Eine Erfahrung eint alle befragten Migranten: Egal, ob sie nun nach wirtschaftlichem oder nach intellektuellem Erfolg gesucht haben – vollständig integriert fühlen sie sich nicht. Gerade gebildete Migranten sehen ihre Bemühungen oft frustriert: „Sie werden weiterhin nach ihrem äußeren Erscheinungsbild bewertet oder aufgrund ihres nicht deutsch klingenden Namens nicht als deutsch wahrgenommen. Diese Menschen werden ein wenig wie Außerirdische angesehen, die Besonderes geleistet haben, obwohl sie doch genau das getan haben, was die Mehrheit der Deutschen von ihnen verlangt" (Ateş 2007, S. 37).

Im Extremfall kann diese Frustration zu dem führen, was ten Teije und Kollegen (2013) „the paradox of integration" genannt haben: Gebildetere Migranten in den Niederlanden haben mehr Kontakt zur einheimischen Bevölkerung, und dieser Kontakt führt, wie erwartet, zu einer positiveren Einstellung gegenüber der Mehrheitsbevölkerung. Andererseits aber fühlen sich gebildete Migranten, unabhängig von der Menge des Kontakts, weniger integriert als ungebildete, und haben daher eine negativere Haltung gegenüber den Einheimischen. Die Studie zitiert zur Illustration einen Türken, der Ähnliches sagt wie der reiche Achmet, die ich interviewt habe: „'. . . whatever you do, despite that you have a high education, despite that you have a good background, despite that you have a thorough command of the language, you simply are not accepted in this society . . .'" (ten Teije et al. 2013: 278). Gerade Migranten, die sich auf dem Bildungsweg um Integration und Akzeptanz bemühen, erkennen und spüren die anhaltende Diskriminierung ihrer Gruppe besonders stark und sind daher enttäuscht und resigniert. Besonders drastisch illustriert dies eine Studie an jugendlichen Delinquenten marokkanischer Herkunft in den Niederlanden, die in Polizeigewahrsam genommen wurden: Verglichen mit marokkanischen Altersgenossen aus der Gesamtbevölkerung stammten die aktenkundig gewordenen Jugendlichen aus sozial höherstehenden Familien, sie waren besser in die holländische Gesellschaft integriert, sprachen besser Niederländisch und hatten mehr Kontakt zu Niederländern (Stevens et al. 2009). Auch sahen sie sich auf der Straße und durch die Politik stärker diskriminiert als die polizeilich unauffälligen Landsleute. Diese Daten lassen vermuten, dass gerade gut ausgebildete Migranten darunter leiden, von der Gesellschaft nicht akzeptiert zu werden, und diese Frustration während des Heranwachsens häufiger in Delinquenz kanalisieren.

Bezogen auf Migranten in Deutschland hat der Journalist Jörg Lau (2012) in einem sehr lesenwerten Beitrag die Geschichte dieser Enttäuschung durch die sogenannte „Sarrazin-Debatte" und das behördliche Versagen bei der NSU-Mordserie geschildert. Er beobachtet in seinem Umfeld, dass gerade gut integrierte Migranten sich ausgegrenzt fühlen und als Reaktion darauf mit Deutschland abschließen. Einige wanderten in ihr Herkunftsland zurück. „Wir verlieren so die Besten", resümiert er besorgt.

Tatsächlich wandert eine wachsende Zahl von türkischstämmigen Migranten in den letzten Jahren wieder von Deutschland in die Türkei aus. Der Wanderungssaldo mit der Türkei ist seit einigen Jahren negativ (Sezer 2010). Ich kenne keine Zahlen dazu, inwieweit diese Rückwanderer im deutschen Bildungssystem erfolgreich gewesen sind, aber angesichts der Studie von ten Teije und Kollegen (2013) muss man damit rechnen, dass Deutschland eine große Zahl von gut ausgebildeten Migranten verliert, während gleichzeitig allenthalben der angebliche Fachkräftemangel beklagt wird.

Alle Maßnahmen zur Integration von Migranten, die im Nationalen Aktionsplan Integration und in den Empfehlung des Instituts der deutschen Wirtschaft (Anger et al. 2010) angeregt werden, richten sich auf die Bildung der Migranten, also auf eine von diesen zu erbringende Leistung. Offenkundig bleibt der vielzitierte Slogan „Integration ist keine Einbahnstraße." (49000 Google-Treffer am 4.2.2014) ein Lippenbekenntnis. Dabei zeigen die dokumentierten Äußerungen der befragten Migranten, wie wichtig das Gefühl, angenommen zu werden, für eine erfolgreiche Integration ist. Exemplarisch zeigt dies die Geschichte des türkischen Mädchens Gül, die als medizinische Fallgeschichte in der GEO von August 2012 erzählt ist: Nachdem sie wegen einer schwer entstellenden Erkrankung in der Türkei ausgestoßen und im Krankenhaus weggeschlossen worden war, kam sie nach Deutschland und erlebte dort im Krankenhaus Fürsorge und Hilfe und erhielt zum ersten Mal Weihnachtsgeschenke. Diese positiven Erfahrungen mit Deutschen motivierten sie, als fast Erwachsene in kurzer Zeit Deutsch zu lernen und Abitur zu machen. Deutschland hatte sie als freundliches Land erlebt, in dem sie gerne zu Hause sein wollte.

Im Kontrast dazu steht die Erfahrung vieler in Deutschland geborener Migranten (und Einheimischer) aus der Unterschicht. Für sie scheint die Gesellschaft nichts bereitzuhalten als Ausgrenzung und Hartz IV. Dementsprechend sehen sie keinen Sinn darin, sich für diese Gesellschaft und nach ihren Normen anzustrengen. Natürlich ist das eine selbsterfüllende Prophezeiung, die einen Teufelskreis konstruiert. Aber wie El Mafaalani (2014) gezeigt hat, bedarf es großer Ausdauer, Frustrationstoleranz und Selbstkritik, um diesen zu durchbrechen.

Die vorliegende Arbeit verdeutlicht daher, dass die Mehrheitsgesellschaft den Integrationsbemühungen der Migranten entgegenkommen muss. Solange die Unterschicht als „abgehängtes Prekariat" von der gesellschaftlichen Teilhabe ausgeschlossen ist, ist das allenfalls in Ansätzen möglich. Trotzdem würde es helfen, wenn kulturelle Bildungsanstrengungen nicht nur von den Ausländern, sondern auch von den Deutschen gefordert würden.

5.3 Fazit: Master oder Mercedes?

Kurzfristig führt weder der eine noch der andere Weg zu Integration. Migranten, insbesondere solche türkischer Herkunft, sitzen so oder so zwischen den Stühlen: Entweder sie bleiben ihrer Herkunftskultur loyal, dafür aber der Mehrheitskultur fremd, oder sie passen sich weitgehend – aber nie vollständig – der Mehrheitskultur an und entfremden sich dadurch ihrer Herkunft. In der Summe wird die erlebte Fremdheit vermutlich immer gleich sein (wobei es eine prüfenswerte Hypothese ist, dass die Entscheidungsneigung davon abhängen dürfte, wie stark das persönliche Umfeld von der einen oder der anderen Kultur geprägt wird). Und solange das Entgegenkommen der Mehrheit nicht ausgeprägter ist, ist es nahezu unmöglich, vollkommen akzeptierter Teil der deutschen Gesellschaft zu werden. Wie oben bereits erklärt, wird auch ein gebildeter und weitestgehend integrierter Ausländer in der Wahrnehmung seiner deutschen Umgebung kein Deutscher, sondern ein Hochleistungs-Ausländer.

So gesehen, kann man die Haltung derjenigen Migranten, die ihre Energie folglich lieber in geschäftlichen Erfolg stecken, gut verstehen. Wenn sie schon fremd sind, wollen sie wenigstens gut leben. Tatsächlich schwappt mir von Seiten solcher wohlhabender Migranten oft Mitleid entgegen: „Du Ärmste, hast so lange studiert und hast trotzdem nichts davon.“ Rein materiell gemessen, scheinen sie Recht zu haben.

Das ist jedoch eine zu kurzfristige Betrachtung. Die nachfolgenden Generationen stehen weiterhin vor dem Problem, welchen Platz sie sich in der Gesellschaft erwerben wollen. Und da könnten es nach meiner Beobachtung gerade die Kinder wohlhabender Migranten schwer haben, weil sie in den Überfluss hineingeboren wurden und daher keine eigenen Anstrengungen unternommen haben. Da sie keinen Sinn in einer Ausbildung sehen, tragen sie die Fremdheit eine Generation weiter, und da sie folglich auch wenig Kontakt zur deutschen Bevölkerung haben, grenzen sie sich auch durch weitere Heirat mit anderen Migranten oder sogar frisch aus der Türkei nachgeholten Partnern von dieser ab. Dagegen motivieren diejenigen, die finanziell schlechter dastehen, ihre Kinder zu einer Ausbildung und einer formellen Karriere, und fördern damit eine von Generation zu Generation fortschreitende kulturelle Integration.

6. Literatur

Alba, R. & Johnson, M. (2000) „Zur Messung aktueller Einstellungsmuster gegenüber Ausländern in Deutschland." In: Alba et al. (Hrsg.), a.a.O..

Alba, R., Schmidt, P. & Wasmer, M. (2000): Blickpunkt Gesellschaft 5. Deutsche und Ausländer: Freunde, Fremde oder Feinde? Empirische Befunde und theoretische Erklärungen. Wiesbaden: Westdeutscher Verlag.

Anger, Ch., Erdmann, V., Plünnecke, A. & Riesen, I. (2010) Integrationsrendite – Volkswirtschaftliche Effekte einer besseren Integration von Migranten. Studie im Auftrag des Bundesministeriums für Wirtschaft und Technologie. Institut der deutschen Wirtschaft Köln.

Anger, Ch., Esselmann, I., Fischer, M. & Plünnecke, A. (2012) Bildungsmonitor 2012. Infrastruktur verbessern – Teilhabe sichern – Wachstumskräfte stärken. Forschungsbericht des Instituts der deutschen Wirtschaft Köln im Auftrag der Initiative Neue Soziale Marktwirtschaft.

Anger, Ch. & Plünnecke, A. (2008) Frühkindliche Förderung. Ein Beitrag zu mehr Wachstum und Gerechtigkeit. IW-Positionen – Beiträge zur Ordnungspolitik aus dem Institut der deutschen Wirtschaft Köln Nr. 35. Köln: Deutscher Instituts Verlag.

Åslund, O., Edin, P.-A., Fredriksson, P. & Grönqvist, H. (2009) Peers, Neighbourhood, and Immigrant Student Achievement: Evidence from a Placement Policy. IZA Dicussion Paper No. 4521.

Ateş, Seyran (2007) *Der Multikulti-Irrtum. Wie wir in Deutschland besser zusammenleben können.* Berlin: Ullstein.

Bade, K.J. & Bommes, M. (2004) Migration – Integration – Bildung. Grundfragen und Problembereiche. IMIS-Beiträge Heft 23, Universität Osnabrück.

Becker, B. (2010) Bildungsaspirationen von Migranten. Determinanten und Umsetzung in Bildungsergebnisse. Arbeitspapiere Nr. 137, Mannheimer Zentrum für Sozialforschung.

Becker, R., Jäpel, F. & Beck, M. (2011) Statistische und institutionelle Diskriminierung von Migranten in Schweizer Schulsystem. Oder: Werden Migranten oder bestimmte Migrantengruppen in der Schweiz benachteiligt? Institut für Erziehungswissenschaft, Universität Bern. Manuskript.

Beicht, U. & Granato, M. (2009) Übergänge in eine berufliche Ausbildung. Geringere Chancen und schwierige Wege für junge Menschen mit Migrationshintergrund. WISO Diskurs, Friedrich Ebert Stiftung.

Böltken, F. (2000) „Soziale Distanz und räumliche Nähe – Einstellungen und Erfahrungen im alltäglichen Zusammenleben von Ausländern und Deutschen im Wohngebiet." In: Alba et al. (Hrsg.), a.a.O.

Bos, W., Hornberg, S., Arnold, K.-H., Faust, G., Fried, L., Lankes, E.-M., Schwippert, K. & Valtin, R. (2007) *IGLU 2006. Lesekompetenzen von Grundschulkindern in Deutschland im internationalen Vergleich.* Münster: Waxmann.

Bos, W., Tarelli, I., Bremerich-Vos, A. & Schwippert, K. (2012) *IGLU 2011. Lesekompetenzen von Grundschulkindern in Deutschland im internationalen Vergleich.* Münster: Waxmann.

Boudon, Raymond (1974) Education, Opportunity, and Social Inequality. New York: Wiley and Sons.

Bundesministerium für Bildung und Forschung (2013) Nationaler Aktionsplan Integration. Im Internet verfügbar.

Campbell, Catherine and Foulis, Carol Ann and Maimane, Sbongile and Sibiya, Zweni (2005) I have an evil child at my house: stigma and HIV/AIDS management in a South African community : [...]

Cinar, M., Otremba, K., Stürzer, M. & Bruhns, K. (2013) Kinder-Migrationsreport. Ein Daten- und Forschungsüberblick zu Lebenslagen und Lebenswelten von Kindern mit Migrationshintergrund. München: Deutsches Jugendinstitut.

Cinar, M. (2013) Frühkindliche Bildung, Betreuung und Erziehung. In: Cinar et al. (Hrsg.), a.a.O., S. 122 - 165.

El-Mafaalani, A. (2014) Vom Arbeiterkind zum Akademiker. Über die Mühen des Aufstiegs durch Bildung. Konrad Adenauer Stiftung.

Esser, H. (2004) Welche Alternativen zur ›Assimilation‹ gibt es eigentlich? In: Bade, K.J. & Bommes, M. (Hrsg.), a.a.O., S. 41.60.

Gerhard Falk (2001). STIGMA: How We Treat outsiders, Prometheus Books.

Foroutan, N., Schäfer, K., Canan, C. & Schwarze, B. (2010) Sarrazins Thesen auf dem Prüfstand. Ein empirischer Gegenentwurf zu Thilo Sarrazins Thesen zu Muslimen in Deutschland. Universitätsbibliothek der Humboldt-Universität zu Wien.

Fritschi, T. & Oesch, T. (2008) Volkswirtschaftlicher Nutzen von frühkindlicher Bildung in Deutschland. Eine ökonomische Bewertung langfristiger Bildungseffekte bei Krippenkindern. Gütersloh: Bertelsmann Stiftung.

Galster, A. & Haustein, Th. (2012) Familien mit Migrationshintergrund: Traditionelle Werte zählen. Wiesbaden: Veröffentlichung des Statistischen Bundesamtes.

Geißler, R. (2012) Verschenkte Bildungsressourcen durch Unterschichtung und institutionelle Defizite. Der Beitrag des vertikalen Paradigmas zur Erklärung und zum Verständnis der Bildungsungleichheit im Kontext von Migration. In: Pielage et al. (Hrsg.), a.a.O., S. 12-28.

Gericke, N. & Uhly, A. (2010) Trotz steigender Ausbildungsbeteiligung ausländische Jugendliche nach wie vor unterrepräsentiert. BiBB BWP 3/2010.

Goffman, E.: *Stigma. Über Techniken der Bewältigung beschädigter Identität.* Frankfurt 1967.

Granato, M. (2012) Bildungsbeteiligung junger Menschen mit Migrationshintergrund an beruflicher Ausbildung. In: Pielage et al. (Hrsg.), a.a.O., S. 85-96.

Gresch, C., Maaz, K., Becker, M. & McElvany, N. (2012) Zur hohen Bildungsaspiration von Migranten beim Übergang von der Grundschule in die Sekundarstufe: Fakt oder Artefakt? In: Pielage et al. (Hrsg.), a.a.O., S. 56-67.

Hertel, S., Hochweber, J., Steinert, B. & Klieme, E. (2009) Schulische Rahmenbedingungen und Lerngelegenheiten im Deutschunterricht. In: Klieme et al. (Hrsg.), a.a.O., S. 113-151.

Herter & Canedo 2009, http://www.thh-friedensau.de/de/dialog/030_dialogArchiv/09_1/050_seite7/index.html, Zugriff 5.3.2013.

Hillmert, S. (2012) Migration und Bildung: Institutionelle Kontexte und relative Ungleichheiten im europäischen Vergleich. In: Pielage et al. (Hrsg.), a.a.O., S. 29-42.

Hoffmeyer-Zlotnik, J.H.P. (2000) „Der Einfluss der Region auf die Einstellung zu Ausländern." In: Alba et al. (Hrsg.), a.a.O.

Institut für Demoskopie Allensbach (2013) Hindernis Herkunft. Eine Umfrage unter Schülern, Lehrern und Eltern zum Bildungsalltag in Deutschland.

Klieme, E., Artelt, C., Hartig, J., Jude, N., Köller, O., Prenzel, M., Schneider, W. & Stanat, P. (2010) PISA 2009. Bilanz nach einem Jahrzehnt. Münster: Waxmann.

Klieme, E., Fischer, N., Holtappels, H.G., Rauschenbach, T. & Stecher, L. (2010) *Ganztagsschule: Entwicklung und Wirkung. Ergebnisse der Studie zur Entwicklung von Ganztagsschulen 2005-2010.* Frankfurt: DIPF.

Koken, J.A. (2009) Working in the business of pleasure: Stigma resistance and coping strategies utilized by independent female escorts. New York City University: Dissertation.

Kristen, C. (1999) Bildungsentscheidungen und Bildungsungleichheit – ein Überblick über den Forschungsstand. Arbeitspapiere – Mannheimer Zentrum für Europäische Sozialforschung Nr. 5.

Kristen, C. (2006) Ethnische Diskriminierung in der Grundschule. Die Vergabe von Noten und Bildungsempfehlungen. Kölner Zeitschrift für Soziologie und Sozialpsychologie 58(1): 79-97.

Kristen, C. & Dollmann, J. (2009) Sekundäre Effekte der ethnischen Herkunft: Kinder aus türkischen Familien am ersten Bildungsübergang. Zeitschrift für Erziehungswissenschaft, Sonderheft 12: 205-229.

Kristen, C. & Granato, N. (2004) Bildungsinvestitionen in Migrantenfamilien. In: Bade, K.J. & Bommes, M. (Hrsg.), a.a.O., S. 123-142.

Kristen, C., Reimer, D. & Kogan, I. (2008) Higher Education Entry of Turkish Immigrant Youth in Germany. International Journal of Comparative Sociology 49: 127-151.

Kühnel, S. & Leibold, J. (2000) „Die anderen und wir: Das Verhältnis zwischen Deutschen und Ausländern aus der Sicht der in Deutschland lebenden Ausländer." In: Alba et al. (Hrsg.), a.a.O.

Lau, J. (2012) Die Vergiftung der deutschen Integrationsdebatte. http://blog.zeit.de/joerglau/2012/10/22/die-vergiftung-der-deutschen-integrationsdebatte_5756

Miller, C.T. & Kaiser, C.R. (2001) A theoretical perspective on coping with stigma. J. Soc. Issues 57(1): 73-92.

Nold, D. (2010) Sozioökonomischer Status von Schülerinnen und Schülern 2008. Ergebnisse des Mikrozensus. In: Statistisches Bundesamt (Hrsg.) Wirtschaft und Statistik, S. 138-149.

Pielage, P., Pries, L. & Schultze, G. (2012) Soziale Ungleichheit in der Einwanderungsgesellschaft. Kategorien, Konzepte, Einflussfaktoren. WISO Diskurs, Friedrich Ebert Stiftung.

Poelke, G. (2009) *Relationships among weight stigma, self-esteem, body satisfaction, and coping in overweight women and the impact of a mindfulness based intervention.* Disseration an der California School of Professional Psychology, Alliant International University.

Pratchett, T. (2009) Unseen Academicals. New York: Doubleday.

Radtke, F.-O. (2004) Die Illusion der meritokratischen Schule. Lokale Konstellationen der Produktion von Ungleichheit im Erziehungssystem. In : Bade, K.J. & Bommer, M. (Hrsg.), a.a.O., S. 143-178.

Reich, H.H. (2011) Schriftsprachliche Fähigkeiten türkisch-deutscher Grundschülerinnen und Grundschüler in Köln. Bezirksregierung Köln.

Reinders, H., Gogolin, I., van Deth, J.W., Böhmer, J., Bremm, N., Gresser, A. & Schnurr, S. (2011) Ganztagsschule und Integration von Migranten. Universitätsbibliothek Würzburg.

Restuccia, D. & Urrutia, C. (2004) Intergenerational Persistence of Earnings: The Role of Early and College Education. American Economic Review 94(5): 1354-1378.

Riehl, C.M. (2006) Die Bedeutung von Mehrsprachigkeit. Newsletter des Kompetenzzentrums Sprachförderung Köln.

Sachverständigenrat deutscher Stiftungen für Integration und Migration (2012) Integration im föderalen System: Bund, Länder und die Rolle der Kommunen. Jahresgutachten 2012 mit Integrationsbarometer. Berlin: SVR GmbH.

Sarrazin, Th. (2010) Deutschland schafft sich ab. Wie wir unser Land aufs Spiel setzen. München: Deutsche Verlags-Anstalt.

Schneeweis, N. (2013) Immigrant Concentration in Schools: Consequence for Native and Migrant Students. IZA Discussion Paper No. 7230.

Schneider, J., Yemane, R. & Weinmann, M. (2014) Diskriminierung am Ausbildungsmarkt. Ausmaß, Ursachen und Handlungsperspektiven. Sachverständigenrat deutscher Stiftungen für Integration und Migration.

Schwippert, K., Wendt, H. & Tarelli, I. (2012) Lesekompetenzen von Schülerinnen und Schülern mit Migrationshintergrund. In: Bos et al. (Hrsg.), a.a.O., 191-207.

Sezer, K. (2010) Exodus von Deutsch-Türken in die Türkei? Dossier Mobility & Inclusion der Heinrich Böll-Stiftung.

Siegert (2008) Schulische Bildung von Migranten in Deutschland. Working Paper 13 der Forschungsgruppe des Bundesamtes für Migration und Flüchtlinge.

Söhn, J. (2012) Rechtliche In- und Exklusion von Migrantenkindern: Institutionelle Einflüsse auf ihre Bildungschancen. In: Pielage et al. (Hrsg.), a.a.O., S. 43-55.

Spieß, Chr. K., Büchel, F. & Wagner, G..G.. (2003) Children's School Placement in Germany: Does Kindergarten Attendance matter? IZA Discussion Paper No. 722.

Stanat, Petra et al. (2010): Schülerinnen und Schüler mit Migrationshintergrund. In: Klieme et al.: (Hrsg.), S. 200 – 230.

Statistisches Bundesamt (2013) Bevölkerung und Erwerbstätigkeit. Bevölkerung mit Migrationshintergrund – Ergebnisse des Mikrozensus 2012. Wiesbaden.

Stevens, G., Veen, V. & Vollebergh, W. (2009) Marokkanse jeugddelinquenten: een klasse apart? Den Haag: Nicis Institute.

Stiftung Lesen (2013) Vorlesestudie 2013: Neuvermessung der Vorleselandschaft.

Stürzer, M. (2013) Schule und Nachmittagsbetreuung von Schulkindern. In: Cinar et al. (Hrsg.), a.a.O., S. 166-230.

Tarelli, I., Valtin, R., Bos, W., Bremerich-Vos, A. & Schwippert, K. (2012a) IGLU 2011: Wichtige Ergebnisse im Überblick. In: Bos et al. (Hrsg.), a.a.O., S. 11-25.

Tarelli, I., Schippert, K. & Stubbe, T.C. (2012b) Mathematische und naturwissenschaftliche Kompetenzen von Schülerinnen und Schülern mit Migrationshintergrund. In: Bos, W., Wendt, H., Köller, O. & Selter, Chr. (Hrsg.) *TIMSS 2011. Mathematische und naturwissenschaftliche Kompetenzen von Grundschulkindern in Deutschland im internationalen Vergleich.* Münster: Waxmann. S. 269-301.

ten Teije, I., Coenders, M. & Verkuyten, M. (2013) The Paradox of Integration: Immigrants and their Attitude towards the Native Population. Social Psychology 44(4): 278-288.

Ulrich, J.G. (2012) Institutionelle Mechanismen der (Re-)Produktion von Bildungsungleichheit an der Schwelle zur dualen Berufsausbildung und ihr Einfluss auf die Qualifizierungschancen von Bewerbern mit Migrationshintergrund In: Pielage et al. (Hrsg.), a.a.O., S. 68-84.

Vallet, L.-A. & Caille, J.-P. (1999) Migration and Integration in France. Academic Careers of Immigrant's Children in lower and upper Secondary School. Paper prepared for the ESF Conference, Obernai.

van de Werfhorst, H.G.. & van Tubergen, F. (2007) Ethnicity, Schooling, and Merit in the Netherlands. Ethnicities 7(3): 416-444.

Wallraff, Günter (1985) Ganz unten. Köln: Kiepenheuer & Witsch.

BIBLIOTHECA ACADEMICA

Reihe Soziologie – ISSN 1866-5055

Eine stets aktualisierte Liste der in dieser Reihe erscheinenden Titel finden Sie auf unserer Homepage http://www.ergon-verlag.de

Band 1
Lehmann, Jürgen – Liebau, Eckart (Hrsg.)
Stadt-Ansichten
2000. 300 S. Kt.
€ 39,00 978-3-933563-14-9

Band 2
Bellebaum, Alfred – Braun, Hans (Hrsg.)
Quellen des Glücks – Glück als Lebenskunst
2004. 228 S. Kt.
€ 29,00 978-3-89913-361-5

Band 3
Reinhardt, Jan Dietrich
Alkohol und soziale Kontrolle
Gedanken zu einer Soziologie des Alkoholismus
Unter Mitarbeit von Konstantin Schumann
2010. 2. überarb. Aufl. 129 S. Fb.
€ 28,00 978-3-89913-716-3

Band 4
Schulze, Heike
Handeln im Konflikt
Eine qualitativ-empirische Studie zu Kindesinteressen und professionellem Handeln in Familiengericht und Jugendhilfe
2007. 595 S. Kt.
€ 75,00 978-3-89913-570-1

Band 5
Niehaus, Andreas – Seinsch, Max (Eds.)
Olympic Japan
Ideals and Realities of (Inter)Nationalism
2007. 211 S. Kt.
€ 32,00 978-3-89913-588-6

Band 6
Ladenthin, Volker – von Wülfing, Jessica
Gewalt der Medien – Studien zu Gewalt an Schulen
Empirische Hinweise und bildungstheoretische Konzepte
Unter Mitarbeit von Gabriella Schmitz
2007. 86 S. Kt.
€ 18,00 978-3-89913-591-6

Band 7
Haag, Hanna
Erinnerungen ostdeutscher arbeitsloser Frauen an die DDR-Vergangenheit
„Jeder hat seine Zeit anders erlebt“
2010. 207 S. Kt.
€ 26,00 978-3-89913-782-8

Band 8
Böllmann, Friederike
Organisation und Legitimation der Interessen von Religionsgemeinschaften in der europäischen politischen Öffentlichkeit
Eine quantitativ-qualitative Analyse von Europäisierung als Lernprozess in Religionsorganisationen
2010. 416 S. Kt.
€ 49,00 978-3-89913-797-2

Band 9
Schemmel, Udo
Laien in lutherischen Kirchenordnungen
Die unterschiedliche Entwicklung ihres Beeinflussungspotentials auf Gemeindebelange im 18. Jahrhundert in Pennsylvania im Vergleich zu Kirchenordnungen des Landesherrlichen Kirchenregimes. Dargestellt an der Genese der Kirchenordnungen der St. Michaelis-Gemeinde in Philadelphia, Pennsylvania
2012. 272 S. 18 Schaub. Fb.
€ 48,00 978-3-89913-900-6

ERGON VERLAG · WÜRZBURG

BIBLIOTHECA ACADEMICA
Reihe Soziologie – ISSN 1866-5055

Band 10
Siewior, Slawomir R.
Cyber-Bullying
Definition, Prävalenz, Prävention und Intervention eines medialen und lebensbeeinflussenden Phänomens des 21. Jahrhunderts
2012. 113 S. Fb.
€ 25,00 978-3-89913-907-5

Band 11
Tobler, Stefan – Brate, Adrian (Eds.)
Human Dignity and Poverty
A Research Project in Romania
2013. 231 S. 14 Schaub. 1 Kte. Fb.
€ 39,00 978-3-89913-958-7

Band 12
Lehmann-Kaya, Devrim
Integration: Master oder Mercedes?
2015. 73 S. Kt.
€ 12,00 978-3-95650-114-2

ERGON VERLAG · WÜRZBURG

Zeitfracht Medien GmbH
Ferdinand-Jühlke-Straße 7
99095 Erfurt, Deutschland
produktsicherheit@kolibri360.de